Gerätturnen
im
5. / 6. Schuljahr

Michael Medler / Rüdiger Räupke

Gerätturnen im 5. / 6. Schuljahr

Neumünster 1994

3. Auflage

24537 Neumünster · Telefon / Telefax (0 43 21) 5 12 42

Zeichnungen: Michael Medler, Neumünster
Herstellung: Evert-Druck, Neumünster
ISBN 3-9800 188-1-4

Inhalt

1. Einleitung

Das Gerätturnen ist in den letzten Jahren zunehmend in die Kritik geraten. Ein Lehrgegenstand, der noch vor Jahren fast selbstverständlich im Mittelpunkt des schulischen Sportunterrichts stand, muß sich heute gefallen lassen, daß man über seine Existenzberechtigung streitet. Wie ist es dazu gekommen?

Vordergründig lassen sich eine ganze Reihe von möglichen Zusammenhängen ausmachen. Zunächst wird betont, daß das Gerätturnen modernen Forderungen nach Freizeitrelevanz nicht gerecht werde. Von diesem Gesichtspunkt her wird es einerseits grundsätzlich in Frage gestellt, andererseits hat die Ausrichtung an der Freizeitrelevanz praktische Konsequenzen: In der Schule werden dem Gerätturnen nach einer Erweiterung des Lehrangebots durch eine Reihe freizeitrelevanter Sportarten und weitgehender Wahlmöglichkeit des Lehrers vielfach Alternativangebote vorgezogen. In der Sportlehrerausbildung führte die mit der Erweiterung des Sportangebots notwendigerweise verbundene Umorientierung zu einer Verkürzung der Ausbildung im Gerätturnen. Fehlende eigenmotorische Voraussetzungen und reduzierte Sportlehrerausbildung bilden einen Kreislauf folgenschwerer Abhängigkeiten (vgl. HOLTZ, U. 1973, S. 306).

Ein anderer Kritikpunkt trifft die inhaltliche Ausrichtung des Turnens. Bemängelt wird vor allem die fast ausschließliche Orientierung an den Bundesjugendspielen, mit dem Ergebnis, daß relativ wenige Fertigkeiten "bis zum Überdruß gedrillt" (GARSKE, U. 1975, S. 145) werden. Die damit eingestandene, keineswegs jedoch immer bewußt gewordene Ausrichtung am Maßstab des außerschulischen Turnens bedeutet eine problematische Inhaltsverkürzung, die eigentlichen Belange des Sportunterrichts werden aus den Augen verloren.

Aber auch aus der Sicht des Schülers schneidet das Turnen nicht besonders gut ab. Es steht in der Beliebtheitsskala im Vergleich mit anderen Sportarten weit hinten (vgl. JONAS, B. 1971, S. 46), d.h., die Motivation der Schüler, im Sportunterricht zu turnen, ist nur gering. Die allzuoft schon in der Grundschule vorgenommene Beschränkung auf die Vermittlung weniger Fertigkeiten, die einseitige Orientierung an Merkmalen der Fertigkeitsstruktur und die Ausrichtung am Leistungsturnen bringen für eine Vielzahl von Schülern schon mit dem ersten Kennenlernen des Turnens "schmerzhafte Erfahrungen" und Mißerfolge mit sich, deren Folge nicht selten Angst und Abneigung sind. Versuche, fehlende Voraussetzungen in einem Alter nachzuholen, in dem das Längenwachstum einsetzt und sich das Kraft-Last-Verhältnis zuungunsten der Kraft verschiebt, müssen fehlschlagen, zumal die Größenzunahme objektive Vorteile für jede andere Sportart mit sich bringt, keineswegs aber für das Turnen. Es wird eher das Gegenteil erreicht: eine ausgesprochen negative Einstellung, die einen von Ernsthaftigkeit getragenen Unterricht kaum mehr möglich macht.

Vordergründig ließen sich auch eine ganze Reihe von Maßnahmen dagegenhalten, die geeignet wären, den Unterricht im Turnen zu verbessern, denn die Motivation zum Sporttreiben ist nicht nur davon abhängig, was angeboten wird, sondern auch, wie es angeboten wird. Einstellungsfragen zum Gerätturnen sind bisher auch keineswegs in der Weise differenziert worden, daß man unterschiedliche methodische Modelle einer Rückmeldung unterzogen hat. Allein darum geht es auch nicht. Würde das doch bedeuten, daß man den Unterricht am Wie, d.h. an der Methode, messen würde, ohne das Was, die didaktische Dimension mit in die Überlegungen einzubeziehen.

Das gerade ist der Fehler, den man bis dahin fast durchgängig gemacht hat und der den Hintergrund der Misere bedeutet. Das Was und das Wie sind unabhängig voneinander reflektiert worden, die didaktischen Ansätze haben keine nachweisbare Beziehung zu den methodischen Vorgehensweisen und umgekehrt. Diese inzwischen von mehreren Autoren für die Sportdidaktik überzeugend nachgewiesene Diskrepanz (vgl. BRETTSCHNEIDER 1975, DAHM/WOLF/PEPER 1976) trifft das Turnen in ganz besonderem Maße: Eine Vielzahl der veröffentlichten Lehrvorschläge muß sich den Vorwurf der Meisterlehre gefallen lassen. Man schrieb aus der Praxis für die Praxis, ohne sich über die

Notwendigkeit der Einordnung in einen übergeordneten didaktischen Rahmen den Kopf zu zerbrechen.

Die Kluft zwischen didaktischer Theorie einerseits und methodischer Praxis andererseits kann auch nicht dadurch überwunden werden, daß man versucht, die bisherige Praxis mit einem angemessenen didaktischen Überbau zu versehen, so etwa, wenn durch die Auseinandersetzung mit dem Turnen "Erfahrens- und Erlebnisquellen...für "das Selbst- und Weltverständnis" des jungen Menschen postuliert werden (KOCH/MIELKE 1971, S. 10), während in der Praxis alles auf "die Absicht, physische Leistungsfähigkeit zu entwickeln und darzustellen und motorische Eigenschaften wie Beweglichkeit, Geschicklichkeit und Gewandheit zu entfalten" (KOCH/MIELKE 1971, S. 10), reduziert wird. Da fehlt offensichtlich der innere Zusammenhang. Es ist vielmehr eine didaktisch-methodische Neubesinnung notwendig. Das Turnen wird seinen Platz im Kanon der Schulsportarten auf Dauer nur dann behaupten können, wenn es den Ansprüchen moderner Sportdidaktik begründet standhält.

Es ist den Autoren bewußt, daß die vorangestellte Wahl des Gerätturens als Thema dieses Lehrbuches keine uneingeschränkte Zustimmung finden wird, setzt man sich damit doch dem Verdacht aus, diesen Lehrinhalt nicht grundsätzlich in Frage zu stellen. Wir sind zwar der Meinung -und dies sei vorangestellt-, daß man auf das Gerätturnen nicht verzichten sollte, wollen eine solche Entscheidung jedoch nicht unreflektiert treffen. Der Lehrinhalt Turnen wird sich einer kritischen Auseinandersetzung stellen müssen, und wir werden darstellen, wie das Turnen aussehen soll, dem wir unsere Zustimmung geben.

2. Didaktisch-methodische Überlegungen

2.1 Das konstruktive Interesse

Die Kluft zwischen Theorie und Praxis kann nur überwunden werden, wenn man von einem Didaktikverständnis ausgeht, in dessen Mittelpunkt ein konstruktives Interesse steht, was bedeutet, daß schon auf der didaktischen Ebene die Aufgaben und Belange des Sportunterrichts in den Blick genommen werden. Didaktische Überlegungen dürfen sich nicht in intentionalen und inhaltlichen Fragestellungen erschöpfen, sie müssen immer auch methoden- und medienbezogene Probleme mit einbeziehen. Insgesamt geht es um die vier Problembereiche Ziele, Inhalte, Methoden und Medien, die nicht unabhängig voneinander, sondern in ihren wechselseitigen Abhängigkeiten erörtert werden müssen. Didaktische Entscheidungen gewinnen erst dann Unterrichtsrelevanz, wenn sie in einem "Implikationszusammenhang" mit methodischen Entscheidungen stehen (vgl. HEIMANN/OTTO/SCHULZ 1970; BRETTSCHNEIDER 1975). Ein konstruktives Interesse bedeutet deshalb notwendigerweise eine Reduktion didaktischer Problematik. Die Schwerpunkte der Auseinandersetzung müssen auf einer Ebene angesetzt werden, von der aus Umsetzungen in unterrichtspraktische Konzeptionen möglich sind. Dabei dürfen allerdings übergeordnete Zielsetzungen nicht aus den Augen verloren werden.

Die mit dem Begriff "Implikationszusammenhang" ausgedrückte Bezugnahme von Ziel- und Inhaltsentscheidungen auf die methodische Durchsetzung darf jedoch nicht so verstanden werden, daß methodische Entscheidungen aus Ziel- und Inhaltsvorgaben deduziert werden könnten. Da solche positiven Ableistungen nicht möglich sind (vgl. BLANKERTZ 1975, S. 100; KLAFKI 1971, S. 136), bedeutet der Implikationszusammenhang lediglich, daß in der didaktischen Reflexion bestimmte negative Ausgrenzungen anzusetzen sind und daß bestimmte positive Entscheidungen favorisiert werden. So wird man sich z.B. im Rahmen pädagogischer Zielsetzungen einer einseitigen Ausrichtung am Leistungssport widersetzen, andererseits aber Modelle favorisieren, in denen soziale Interaktionen und die Freude am Tun im Vordergrund stehen.

Bei jedem Lehrvorschlag geht es zunächst um die Frage, welche Ziele in ihm verwirklicht werden sollen. Man wird jedoch der Sache nicht gerecht, würde man die Zieldimension diskutieren, ohne sie auf die Inhaltsdimension zu beziehen, wie man der Sache auch dann nicht gerecht wird, wenn der Inhalt schon selbst als Ziel ausgegeben wird und man so tut, als sei mit der Wahl des Inhalts Turnen z.B. didaktisch schon alles festgelegt. Ziele und Inhalte sind auf der einen Seite deutlich voneinander zu unterscheiden, andererseits aber ermöglichen "erst die inhalts- und verhaltensbezogenen Dimensionen zusammen eine Bestimmung von Lernzielen" (BRETTSCHNEIDER 1975, S. 92). Damit rückt zugleich mit der Zieldiskussion der Inhalt Turnen in das Blickfeld. Konkret wird es darauf ankommen, diejenigen Verhaltensqualifikationen aufzuzeigen, für die am Turnen Lernerfahrungen gewonnen werden können. Ob diese Lernerfahrungen dann tatsächlich gemacht werden, hängt schließlich von der methodischen Gestaltung des Sportunterrichts ab.

2.2 Zur Wahl des Lehrinhalts Gerätturnen

In Übereinstimmung mit der leitenden Zielvorstellung des Sportunterrichts, den Schüler "im weiten Bereich des Sports handlungs- und entscheidungsfähig" zu machen und ihn damit in die Lage zu versetzen, "individuelle und gesellschaftliche Freiheit zu verwirklichen" (BRETTSCHNEIDER 1975, S. 82), sind die Kriterien "fundamental" und "zeitgemäß" wichtige Entscheidungshilfen bei der Inhaltsauswahl. Als fundamental ist ein Inhalt zu bezeichnen, an dem vielfältige Lernerfahrungen gewonnen werden können, der einerseits eine große Variationsbreite motorischer Handlungsmöglichkeiten zuläßt, andererseits möglichst viele Zielbereiche anspricht. Er sollte Möglichkeiten eröffnen, vielfältige Grundlagen motorischer Fähigkeiten und Fertigkeiten zu erarbeiten, durch situative Anregungen, Bewegungserlebnis und Freude am Können überdauernde Motivationen hervorzurufen, kommunikative Möglichkeiten bieten, die für soziale Interaktionen genutzt werden können und eine gedankliche Auseinandersetzung mit sportspezifischen Phänomenen gestatten. Als fundamental ist demnach ein Inhalt zu bezeichnen, der neben den für Sport sicher primären motorischen Lernerfahrungen solche im affektiv-emotionalen, sozialen und im kognitiven Bereich ermöglicht.

Um ein Festhalten an Inhalten zu verhindern, die zwar fundamental sind, nicht aber der sozialen und kulturellen Realität entsprechen, ist das "Fundamentale" durch das Kriterium "zeitgemäß" zu relativieren. Als zeitgemäß ist ein Inhalt zu bezeichnen, der sich durch die Kategorien "Freizeitwert" und "Altersstabilität" auszeichnet, der etwa die Bedürfnisse und Interessen der Schüler berücksichtigt, weil von dorther eine Motivation für ein Sporttreiben auch außerhalb und lebenslang nach der Schulzeit erwartet wird.

Die Kritik am Gerätturnen entzündet sich vor allem am Fehlen von Freizeitwert und Altersstabilität. Bevorzugt wird jedoch eine nur eindimensionale Sichtweise: Eine in der Schule gelernte Sportart wird nur dann als freizeitrelevant erachtet, wenn sie bis ins hohe Alter betrieben werden kann. Das trifft jedoch keineswegs die ganze Weite dieses Problems. Grundsätzlich anders stellen sich Freizeitwert und Altersstabilität dar, wenn man sie von den in der leitenden Zielvorstellung ausgedrückten Forderungen nach Handlungs- und Entscheidungsfähigkeit aus betrachtet. Entscheidungsfähigkeit bedeutet allemal mehr als das Festhalten an einer einmal gelernten Sportart. Es beeinhaltet die Forderung nach Erzeugen einer grundsätzlich positiven Einstellung zum Sport -im Augenblick und für die Zukunft- und darauf basierend "die Fähigkeit, umzulernen und den für die geänderten Lebensumstände geeigneten Sport auszuwählen, wobei die sich ergebenden Möglichkeiten prinzipiell nicht voraussehbar sind" (ZIMMERMANN 1980, S. 102). Damit stellt sich das Problem gar nicht so sehr sportartspezifisch als vielmehr sportartübergreifend: Handlungs- und Entscheidungsfähigkeit verlangen in erster Linie, den Sport in seinen vielfältigen Bedingungen kennenzulernen, erfolgreich zu erleben und mitzugestalten. Wer aber wollte dem Gerätturnen aus dieser Sicht seinen Platz absprechen?

Gibt es doch kaum eine Sportart, die besser geeignet wäre, so vielfältige motorische Entwicklungsreize und Bewegungserfahrungen möglich zu machen. Und wenn ein derartiger "Besitz und die Verfügbarkeit über möglichst viele körperliche Fähigkeiten, Eigenschaften und Fertigkeiten an sich schon einen Wert darstellt" (SÖLL 1973, S. 301), dann doch vor allem deshalb, weil dieses Vermögen als eine wesentliche Grundlage für Handlungs- und Entscheidungsfähigkeit angesehen werden muß.

2.2.1 Turnen als mehrperspektivischer Unterrichtsgegenstand

So sehr das Gerätturen auch in die Kritik geraten ist, so wenig gibt eine erste Betrachtung zu erkennen, daß übergeordnete Zielsetzungen nicht erfüllt werden könnten. "Für Sport zu interessieren und zu engagieren" (KURZ 1971, S. 199), "zu sach- und personengerechtem Sport anzuleiten" (HECKER 1971, S. 16), "im weiten Bereich des Sports handlungs- und entscheidungsfähig zu machen" und "die Realisation eines möglichst umfassenden motorischen Verhaltens zu sichern" (BREITSCHNEIDER 1975, S. 82 und 163), alles das sind Möglichkeiten, die auch durch das Gerätturnen gegeben sind, für die das Turnen eventuell sogar nicht austauschbare Erfahrungen möglich macht (vgl. SÖLL 1973).

Eine nähere Betrachtung des Lehrgegenstandes offenbart eine ganze Vielfalt möglicher Akzente, wie z.B. der Erwerb motorischer Qualifikationen, eine vielseitige Ausbildung der Muskulatur, das Setzen vielseitiger Entwicklungsreize als Grundlage körperlicher Fitness, die Auseinandersetzung mit der Umwelt (z.B. den Geräten), die Auseinandersetzung mit der eigenen Körperlichkeit und Leistungsfähigkeit, die Freude an der Demonstration des eigenen Könnens, das Bewegungserlebnis, soziale Interaktion und Kommunikation beim Turnen in der Gruppe und beim Helfen und Sichern und der Erwerb von Kenntnissen über die Bewegung, über Geräte sowie Hilfen und Sicherung. Insgesamt offenbart sich das Turnen als vielperspektivischer Unterrichtsgegenstand, der neben der motorischen

Dimension, die seine Struktur im besonderen prägt, durch eine soziale, eine affektiv-emotionale und eine kognitive Dimension gekennzeichnet ist. Mit anderen Worten: Im Turnen können motorische, soziale, affektiv-emotionale und kognitive Verhaltensqualifikationen erworben werden. Damit wird klar, daß die kritisierte Unterrichtspraxis mit ihrer Ausrichtung an Kriterien des Leistungsturnens letzten Endes eine einseitige Beschränkung innerhalb der Zieldimensionen bedeutet. Für eine Neubesinnung muß man sich der Tragweite dieser Erkenntnis bewußt werden. So wie didaktische Überlegungen - wie sie fast allen Lehrvorschlägen vorangestellt sind - nur dann Unterrichtsrelevanz besitzen, wenn sie bis in die methodischen Entscheidungsebenen hinein weitergedacht werden, ansonsten aber leer und unerfüllt, auf jeden Fall aber dem Zufall überlassen bleiben, so bedeutet andererseits jedes methodische Vorgehen schon das Festlegen auf Ziele. Diese kommen aber unreflektiert und uneingestanden und damit unkontrolliert durch die "Hintertür" hinein.

Die einseitige Ausrichtung am Leistungsturnen beansprucht lediglich Ziele im Bereich motorischer Verhaltensqualifikationen. Daß man den durch das Gerätturnen gegebenen Möglichkeiten damit keineswegs gerecht wird, gilt es, im folgenden aufzuzeigen.

2.2.1.1 Die motorische Dimension

Die motorische Dimension hat eine hervorragende Bedeutung, denn "beim Gerätturnen ist die Bewegung selbst das Ziel der sportlichen Tätigkeit" (SÖLL 1973, S. 303), sie ist elementare und fundamentale Kategorie. Es ist jedoch nicht die alltägliche, bodengebundene, sondern im Gegenteil die alltagsferne Bewegung, die Kunstfertigkeit, die "weit über die sonstigen Bedingtheiten und Beengtheiten des menschlichen Bewegungslebens" (SÖLL 1973, S. 303) hinausreicht. Durch die Auseinandersetzung mit den Turngeräten in den unterschiedlichen Weisen "des hoch-tief, oben-unten, hin-her, unten durch - oben drüber und hinauf-hinab" (DÖRRER 1976, S. 5) werden die Dimensionen des Raumes erschlossen, das "raumorientierte Bewegen im eigentlichen Sinne möglich gemacht" (Aktionsprogramm 1973, S. 122). Hierin liegt wohl auch der Reiz, der vom Gerätturnen ausgeht und der - jeder Sportlehrer wird diese Erfahrung gemacht haben - eigentlich alle Kinder eines bestimmten Alters ergreift. Das Klettern, Schwingen und Hängen an den Turngeräten der Kinderspielplätze bei jeder sich nur bietenden Möglichkeit in immer neuen Formen, in denen die Bewegungsmöglichkeiten und -grenzen erprobt werden, haben hier ihre Wurzeln. SÖLL sieht in der "Ausschöpfung der Bewegungsmöglichkeiten im Raum... das erste konstituierende Prinzip des Gerätturnens" (SÖLL 1973, S. 301). In ihm liegt die Chance einer vielfältigen Entfaltung und Entwicklung der Motorik, die Eröffnung von Bewegungsmöglichkeiten, die dem Menschen "von seinen biologischen Voraussetzungen her in seiner "natürlichen" Umgebung verschlossen sind" (SÖLL 1973, S. 301).

Als zweite "Primärkategorie" stellt SÖLL "die Perfektionierung der Bewegung" heraus, die das Gerätturnen als Sportart begründet. An ihrem Beginn stehen zwei Stufen der Standardisierung: "Die Auswahl sportlich ergiebiger Bewegungsmöglichkeiten und die Festlegung allgemeingültiger Durchführungs- und Wettkampfbestimmungen" (SÖLL 1973, S. 302). Innerhalb dieses Bezuges ist das sportliche Gerätturnen durch eine "Zentrierung auf die Qualität der Bewegung (SÖLL 1973, S. 303) gekennzeichnet, deren Kriterien die Schwierigkeit und die Darbietung sind.

In der ersten Primärkategorie liegt ein hohes Maß an Leistung, während die zweite vor allem die Normen setzt. Liegt in der ersten der Reiz des Gerätturnens, so liegt in der Perfektionierung einerseits die Faszination, andererseits aber auch ein großer Teil der Frustration, zwei Gesichter der gleichen Kategorie. Die Einbeziehung der Kriterien der Qualität der Bewegung machen aus dem Gerätturnen das Kunstturnen, aus dem Turnen das Leistungsturnen. Hierher gehört ein großer Teil der Kritik am Gerätturnen, die damit schon an den fundamentalen Kategorien ansetzt. Die Ausrichtung an den Wettkampfnormen und den Normen der Bundesjugendspiele, die Überbetonung der Darbietungsformen (Haltung), und die Beschränkung auf nur wenige "sportgerechte" Formen haben hier ihren Ursprung.

Diese Erkenntnisse dürfen aber keine bloßen Feststellungen bleiben. Im Gegenteil: Schon an dieser Stelle sind didaktische Entscheidungen zu treffen. Pädagogische Zielsetzungen widersetzen sich einer einseitigen Ausrichtung und einer Überbetonung nach Kriterien der Bewegungsqualität, favorisieren dagegen die in der ersten Primärkategorie aufgehobene Chance einer vielseitigen Entfaltung und Entwicklung der Bewegungsmöglichkeiten. Die "Perfektionierung der Bewegung" als fundamentale Kategorie des Gerätturnens wird damit nicht grundsätzlich in Frage gestellt, lediglich ihre bevorrechtigte Bedeutung im Sportunterricht der Schule, ganz besonders im hier bevorzugten Altersbereich. Genau wie in der Spielschulung das Schwergewicht moderner Spielmethodik zunächst auf dem Spielerischen liegt, damit zu Beginn des Lernprozesses vor allen Dingen das Beteiligtsein jedes Schülers am Spiel garantiert ist, die Vervollkommnung und Perfektionierung der Technik jedoch für spätere Ausbildungsphasen reserviert wird, so sollte im Gerätturnen das Schwergewicht zunächst auf dem Sammeln vielfältiger Bewegungserfahrungen liegen. Diesem kann durchaus ein spielerisches Element zugesprochen werden. Auf der Basis des Könnens erhält die Forderung nach Qualität der Bewegung dann ein neues Gewicht.

Bei der Auswahl der Unterrichtsinhalte ist deshalb den einfachen, aber grundlegenden Bewegungsfertigkeiten der Vorrang zu geben, damit einerseits ein systematischer Aufbau zum Gerätturnen möglich ist, in dem auch die Chance des Leistungsturnens implizit enthalten ist, andererseits durch systematisch veränderte äußere Bedingungen vielfältige Bewegungserfahrungen gesammelt werden können. Einfache Formen sind außerdem eine Gewähr dafür, daß jeder Schüler am Unterrichtsprozeß beteiligt wird, und das ist bei den derzeitigen großen Klassenstärken und der "groteske(n) physischen Unterbelastung" (SÖLL 1973, S. 305) eine überaus wichtige Problematik des Unterrichts, die von Beginn an mit in den Blick genommen werden muß.

Damit stellt sich die Frage nach den grundlegenden Bewegungserfahrungen. Es gibt für das Gerätturnen bis auf wenige Ansätze keine Bewegungstheorie, von der man Entscheidungshilfen erwarten könnte. Die Schwierigkeit einer Ordnung des Übungsgutes liegt im großen Bewegungsreichtum, andererseits liegt ja gerade darin die Chance einer vielseitigen Bewegungsausbildung. Es wird darauf ankommen, die elementaren Grundformen zu ermitteln, ohne allerdings auf die Vielfalt zu verzichten.

Als Systematisierung des Übungsgutes wird die Einteilung nach Bewegungsverwandtschaften naheglegt (vgl. MEUSEL 1975). Grundlage dieses Einteilungsprinzips ist die Erkenntnis, "daß sich das turnerische Übungsgut auf ganz wenige Grundformen der Bewegung zurückführen läßt, wenn man vom impulsgebenden Zentrum der Bewegung, vom Beugen und Strecken der Hüfte ausgeht (MEUSEL 1975, S. 9). Folgende Bewegungsfamilien werden unterschieden:

1. Die Rollen vorwärts und rückwärts bis hin zu den Rollen an den Geräten, Aufschwüngen, Abzügen und Salti (vgl. MEUSEL 1975).
2. Das Schwingen im Hang oder Stütz bis hin zu den Schwungstemmen und Drehschwüngen (vgl. MEUSEL 1977).
3. Die Kippbewegungen (vgl. WIEMANN 1974).
4. Die Stützsprünge bis hin zu den bewegungsverwandten Abgängen von den Geräten (vgl. KOCH 1973).

Die Einteilung in Bewegungsverwandtschaften gestattet eine didaktische Ordnung des Übungsgutes, die immer auch schon als methodische Ordnung verstanden wurde, denn wenn man die Grundformen einer Bewegungsfamilie ermittelt hat, so lassen sich alle höheren Bewegungsformen daraus entwickeln, "so daß den Kern dieser Ordnung ... ein Stufungselement bildet und außerdem in einer solchen Lehreinheit stets ein Aufbau auf dem Früheren ... und ein Vorbereiten des Folgenden durchführbar ist" (KOCH/MIELKE 1971, S. 93). Lerntheoretisch liegt der Vorteil einer solchen Stufung darin, daß die Bewegungsvorstellungen, die Bewegungsgrundmuster und die Innovationsmuster der Art und Folge der Muskelaktionen ähnlich bleiben, so daß mit raschen Lernerfolgen gerechnet werden kann.

An einer derartigen Strukturierung des Bewegungsgutes kann man nicht vorbeigehen, wenn man einen systematischen Aufbau des Gerätturnens anstrebt. Das heißt aber lediglich, daß diese zum Ausgangspunkt der weiteren didaktischen Diskussion genommen wird und nicht schon weitreichende methodische Konsequenzen abgeleitet werden oder gar als methodische Diktion verstanden werden. Grundsätzlich ist zu bedenken, daß die Entscheidung, welche Fertigkeiten vorrangig gewählt werden und in welcher Reihenfolge sie angeboten werden, sich "nicht zwingend aus der Struktur des Inhalts" ergibt, sondern "an die sportpädagogische Intention und die Gegebenheiten der jeweiligen didaktischen Situation gebunden (BRETTSCHNEIDER 1975, S. 176) sind. So können z.B. wichtige Problembereiche wie etwa das Schaffen positiver Einstellungen zm Gerätturnen oder das Vermeiden schmerzhafter Erfahrungen und Verhindern von negativen Gefühlszuständen und Angst im Anfängerunterricht nicht von der Struktur des Stoffes her beantwortet werden.

Eng verknüpft mit der Wahl des Übungsgutes ist die Frage nach der Auswahl der Geräte, an denen die fundamentalen Erfahrungen gewonnen werden sollen. Von strukturellen Gesichtspunkten her sind die Geräte nicht gleichberechtigt, es ist vielmehr eine hierarchische Ordnung festzustellen: "Im Kernbereich des Gerätturnens stehen ... die "eigentlichen Geräte" Reck und Barren, von denen das eine primär auf das Hängen, das andere auf das Stützen gerichtet ist" (SÖLL 1973, S. 301). Alle anderen Geräte gehören aus dieser Sicht nicht in den Kernbereich, Boden-und Sprunggeräte sogar "in den Außenbereich des Gerätturnens" (SÖLL 1973, S. 301).

Eine solche strukturelle Ordnung kann aber wieder nicht zwingend als didaktische Maßgabe verstanden werden. Im Gegenteil: Pädagogische Zielsetzungen und die besondere didaktische Situation des Turnunterrichts mit Anfängern favorisieren die Entscheidung für die zum Außenbereich gezählten Boden- und Sprunggeräte, weil mit ihnen dem Bewegungsbedürfnis und dem Bewegungserleben in besonderem Maße Rechnung getragen werden kann.

Ein weiterer wichtiger Bereich, der im Zusammenhang mit der motorischen Dimension einer Diskussion bedarf, ist der der motorischen Grundeigenschaften. In diesem Zusammenhang wird der Gesundheitswert des Gerätturnens stets besonders hervorgehoben. Wie kaum eine andere Sportart bietet das Gerätturnen Möglichkeiten einer vielseitigen körperlichen Ausbildung und damit die Chance, "den in unserer technischen Zivilisation vorhandenen Bewegungsmangel auszugleichen, Haltungsschäden zu verhindern und zu kompensieren und durch die Stärkung der Organkraft Herz- und Kreislaufschäden prophylaktisch entgegenzutreten" (DAHM/WOLF/PEPER 1976, S. 148). Wie wenig diese Chance jedoch genutzt wird, wissen wir seit den Untersuchungen von DIETRICH (1964). Es genügt nämlich nicht, das Ziel Gesundheit lediglich voranzustellen, in der Meinung, die positiven Wirkungen würden sich von allein einstellen. Im Gegenteil, wir wissen inzwischen, daß einseitige Belastungen, wie sie z.B. das Leistungsturnen mit sich bringt, durchaus auch gesundheitsschädigend sein können. Es ist daher notwendig, die vorangestellten Ziele bis in die methodische Gestaltung des Unterrichts hinein im Blick zu behalten, womit der Implikationszusammenhang zwischen didaktischen und methodischen Entscheidungen nochmals unterstrichen werden soll.

In erster Linie geht es im Gerätturnen um die Verbesserung von koordinativen Fähigkeiten (Gewandtheit), Beweglichkeit und Kraft, die in einem direkten Zusammenhang mit der Ausübung der turnerischen Fertigkeiten stehen. Aber auch andere motorische Eigenschaften können erreicht werden, wie z.B. die Kraftausdauer und eine allgemeine azyklische Ausdauer. Sie sind lediglich eine Frage der Wiederholungszahl pro Zeiteinheit, wie insgesamt die gesundheitliche Wirkung von der Dichte der Entwicklungsreize abhängig ist. Durch eine sinnvolle Gestaltung des Unterrichts in Intensität und Übungsdichte kann das Spektrum der körperlichen Ausbildungsmöglichkeiten erheblich erweitert werden.

Diese Überlegungen sprechen vor allem für Modelle, die ein intensives Anwenden des Gelernten unter variablen Bedingungen zum Ziel haben, sie widersetzen sich dagegen einer fertigkeitsorientierten Aneinanderreihung von Lernprozessen im Sinne eines schnellen Fortschreitens hin zum Leistungsturnen.

Eine hervorragende Bedeutung für die Gestaltung des Unterrichts gewinnen damit die Organisation und Anordnung der Geräte. Nicht mehr die Auseinandersetzung am einzelnen Gerät, sondern das Turnen in Flüssen, Strömen und Kreisen und mit Zusatzübungen stehen im Mittelpunkt des Unterrichtsgeschehens. Und eine solche Gestaltung verlangt nicht die perfekte Bewegung, sie ist vielmehr schon mit der soeben gelernten Grobform möglich, auch mit in sich geschlossenen methodischen Vorstufen.

2.2.1.2 Die soziale Dimension

Das Gerätturnen ist als Individualsport nicht von sich aus auf soziale Interaktionen angelegt. Lernen, Üben und Trainieren, vor allem aber ein intensiver und übungsdichter Unterricht sind jedoch so sehr auf die Kooperation der Beteiligten angewiesen, daß der sozialen Dimension eine hervorragende Bedeutung zukommt. Im Gerätturnen geht es - im Vergleich etwa zu den Mannschaftsspielen - um rein kooperative, nicht konkurrenzorientierte soziale Prozesse: um das direkte Handanlegen beim Helfen, um das vertrauenschaffende Bereitstehen beim Sichern und um die Gruppenarbeit und das Gruppenturnen. Die Bedeutung der damit gegebenen Möglichkeiten der Schulung von kooperativem Verhalten ist auch immer wieder hervorgehoben, in den Lehrvorschlägen selbst jedoch bis auf wenige Ausnahmen nur nachrangig thematisiert worden. So werden z.B. die Bereiche des Helfens und Sicherns fast nur in ihrer instrumentellen Funktion begriffen oder lediglich Gesichtspunkte der Unfallverhütung und damit verbunden juristische Probleme betont.

Ganz offensichtlich wird die Nachrangigkeit, wenn Helfen und Sichern unter Lehr- und Lernhilfen subsumiert werden und die Frage "nach der Notwendigkeit und dem Nutzen von Hilfsmaßnahmen" nur auf die jeweilige motorische Aufgabenstellung bezogen wird, mit der Begründung, daß "die Erziehung zur Kooperation und des Einübens sozialer Tugenden ... ihre eigentliche Berechtigung" nur "aus dem jeweiligen methodischen Aspekt" (SÖLL 1972, S. 179) erhalten. Zwar wird damit die Anbindung der sozialen Prozesse an den fachspezifischen Sachzwang betont, ihre nur instrumentelle Funktion jedoch besonders unterstrichen.

Ganz anders stellt sich das Problem, wenn kooperatives Handeln selbst zum Ziel wird. Im Zusammenhang mit dem fachspezifischen Sachzwang sind Befürchtungen einer Loslösung vom Bezugsrahmen Gerätturnen und eine Verabsolutierung sozialer Zielsetzungen gegenstandslos. Dadurch,daß kooperatives Handeln einen anderen Stellenwert bekommt, wird die Vielfalt des Gerätturnens jedoch mit anderen Augen gesehen. Schwerpunktsetzungen im sozialen Bereich führen zur Bevorzugung von Inhalten, die geeignet sind, kooperatives Handeln zu fördern. Ein solches Verständnis bedeutet mehr als die instrumentell richtig gegebene Hilfestellung, ohne daß damit ihre Notwendigkeit in Frage gestellt werden soll. Kooperatives Handeln selbst wird zum Gegenstand didaktisch-methodischer Reflexion.

Möglichkeiten einer Schwerpunktsetzung kooperativen Handelns bieten zunächst die Bereiche Helfen und Sichern. Maßnahmen zur Bewegungshilfe sind

"direkte bzw. aktive Bewegungshilfe",
"indirekte bzw. technische Bewegungshilfe",

und bei den Maßnahmen zur Bewegungssicherung unterscheidet man

"direkte bzw. aktive Bewegungssicherung",
"indirekte bzw. technische Bewegungssicherung"
(SÖLL 1972).

Die direkte Bewegungshilfe umfaßt alle Maßnahmen, bei denen direkt in den Bewegungsvollzug eingegriffen wird, wie z.B. Schub-, Zug-, Dreh- oder Gleichgewichtshilfen. Unter indirekten Bewegungshilfen sind alle Maßnahmen subsumiert, "die zur Erleichterung und Vereinfachung einer noch unvollkommen beherrschten Bewegung beitragen, wie z.B. verschiedene Formen von Orientierungs-, Geräte- und Geländehilfen (SÖLL 1972, S.183). Die aktive Bewegungssicherung geht bei zunehmender Bewegungssicherheit aus der aktiven Bewegungshilfe hervor. Man unterscheidet das bewegungsbegleitende Verhalten und die abwartende Sicherheitsstellung. Schließlich umfaßt die indirekte Bewegungssicherung "alle Maßnahmen zur besonderen Sicherung der Niedersprung- bzw. Landestelle und zur Absicherung der Bewegung" (SÖLL 1972, S. 190).

Die didaktisch-methodische Diskussion wird diese Systematik und auch eine Zuordnung der Helfergriffe zu bestimmten Fertigkeiten berücksichtigen müssen, sie darf jedoch hier nicht stehenbleiben, hieße das doch, nur die Maßnahmen darzustellen, nicht aber nach ihrer Relevanz und ihren Möglichkeiten für eine Vermittlung kooperativen Verhaltens zu fragen. So ist eine bloße Darstellung z.B. überhaupt nicht geeignet; den beliebten Praktiken, entweder nur den Lehrer oder guten Schüler, oder aber die "Kranken" zur Hilfestellung einzusetzen, eine Absage zu erteilen. Das Erreichen sozialer Ziele erfordert eine ganz andere Beurteilung dieses Problems. Im Prozeß des Sporttreibens und Sportlernens soll jeder Schüler lernen, "soziale Interaktionen mit anderen Personen und Personengruppen aufzunehmen und seine Identität als sozial handlungsfähige Person zu entwickeln"(DAHM/WOLF/PEPER 1976, S. 149), so daß es in erster Linie darauf ankommt, jeden Schüler in Situationen zu stellen, in denen er verantwortlich die Funktion des Helfers übernehmen muß.

Das bedeutet keineswegs, daß der Turnunterricht zu einem reinen Hilfestellungsbetrieb ausarten soll, und auch der Forderung, "den Unterricht ... so anzulegen, daß möglichst weitgehend und möglichst lange ohne Hilfestellung gearbeitet werden kann" (SÖLL 1972, S. 193), wollen wir uns nicht unbedingt verschließen. Es steht jedoch außer Zweifel, daß für das Helfen und Sichern Lernprozesse erforderlich sind, die eine Beurteilung verlangen wie jeder andere Lernprozeß auch. D.h.,für den Erwerb derartiger Qualifikationen sind methodische Schritte notwendig, an deren Beginn Helfergriffe vor allem in relativ einfachen und ungefährlichen Situationen angewendet werden. Die einmal eingeführten Hilfen gestatten dem Schüler, den Unterricht verantwortlich mitzugestalten, und sie sind ein Gewinn für den Unterricht, weil sie immer wieder zur Verfügung stehen. Aktive Bewegungshilfe und aktive Bewegungssicherung erfordern sehr viel Erfahrung, die nur durch zielgerichtetes Üben über einen längeren Zeitraum erreicht werden kann.

Häufig ist aktives Helfen und Sichern jedoch an einen kräftemäßigen Vorsprung des Helfers gebunden, wie er normalerweise nur zwischen dem Lehrer und Schülern dieser Altersstufe besteht.

Da den Schülern deshalb aktive Hilfen noch nicht übertragen werden können, das Turnen aber oft erst bei solchen Aufgabenstellungen interessant wird, haben die indirekten Bewegungshilfen besondere Bedeutung. Sie sind nicht in dem Maße "vom Können oder der Zuverlässigkeit des Helfers abhängig" (SÖLL 1972, S. 184), gestalten die Situationen relativ ungefährlich, so daß sich in einer Kobination von indirekten und direkten Bewegungshilfen ein breites Feld verantwortungsbewußten,kooperativen Handelns eröffnet. Favorisiert werden deshalb Modelle, die diese beiden Formen der Bewegungshilfe in einem ausgewogenden Miteinander verbinden, so daß je nach Können der Schüler mal der eine, mal der andere Anteil überwiegt, insgesamt jedoch eine Verschiebung in Richtung der aktiven Bewegungshilfe und Bewegungssicherung intendiert ist.

Helfen soll jedoch keineswegs als Selbstzweck verstanden werden. Ist die Übung zunächst auch eine Leistung der Gruppe - des Übenden und der Helfer -, so wird sie mit zunehmender Sicherheit eine Leistung des Übenden: Die Bewegungshilfe geht in die Bewegungssicherung über, oder sie fällt bei einfachen Formen sogar ganz weg. Der Übergang zwischen Helfen und Sicherung ist stets fließend, aber auch in umgekehrter Richtung: Die mit indirekter Lernhilfe schon sicher geturnte Übung bedarf beim nächsten Schritt schon wieder des aktiv zufassenden Helfers.

Helfen als Leistung der Gruppe zu erfahren, bedarf der Arbeit in Kleingruppen. Ihr ist der traditionellen und oft unreflektiert angewandten Riegenarbeit der Vorzug zu geben. Die Gruppenarbeit ist die Voraussetzung für die für kooperatives Handeln notwendigen Kontaktnahmen, für eine Arbeitshaltung, die als verantworungsbewußtes, arbeitsteiliges, relativ selbständiges Handeln gekennzeichnet werden kann. In ihr liegt die Chance, daß Schüler sich für ihre Mitschüler einsetzen, ihnen Tips und bereitwillig Hilfe geben, daß sie sich über die Leistung der Mitschüler freuen und die eigene Leistung als Leistung der Gruppe anerkennen. Durch die Arbeit in der Kleingruppe wird die Interdependenz von Hilfeleistung und Hilfsbedürftigkeit am besten erfahren. Sie ist darüberhinaus die Gewähr dafür, daß alle Schüler aktiv am Unterrichtsprozeß beteiligt werden, keiner am Rande steht, im Gegenteil, jeder unentbehrlich ist, und das ist bei den heute üblichen großen Klassen eine wichtige Forderung.

Dabei geht es nicht nur um Helfen und Sichern. So gibt es Aufgabenstellungen, bei denen die Schüler selbst als Lern- oder Orientierungshilfe (z.B. Bankstellung beim Erlernen des Radschlagens) oder sogar als Geräteersatz eingesetzt werden können (z.B. Grätsche über den Rücken das Partners).

Nicht immer ist es jedoch möglich, in Kleingruppen zu arbeiten. Klassengrößen und Begrenztheit des Großgeräts, aber auch Gesichtspunkte, dem Schüler bei anstrengenden Formen eine gewisse Erholungszeit zu gewähren, verlangen oft größere Gruppen. Je größer die Gruppe aber wird, desto mehr muß die Organisation des Lernens und Übens daraufhin überdacht werden, wie die sozialen Zielsetzungen dennoch verwirklicht werden können.

In diesem Zusammenhang bedarf auch das Problem des koedukativen Unterrichtens einer Erörterung. Zunächst muß betont werden, daß Koedukation mehr bedeutet als das bloße Nebeneinander-Unterrichten der beiden Geschlechter, daß Jungen und Mädchen zwar an der gleichen Sportstunde teilnehmen, in der Einteilung der Übungsgruppen jedoch voneinander getrennt werden. Im Gegensatz zur Koinstruktion wird eine Koedukation nur bei Zusammensetzung gemischtgeschlechtlicher Gruppen erreicht. Sie sind die Voraussetzung dafür, daß Mädchen den Jungen und Jungen den Mädchen helfen. Die Zielsetzung der Koedukation hat auch eine Entscheidungsrelevanz bei der Auswahl der Geräte und der an ihnen verlangten Fertigkeiten. Das Gerätturnen unterscheidet zwar zwischen Frauen- und Männergeräten, im Grundlagenbereich jedoch - und beim Verfolgen des Grundgedankens nicht nur dort - widersetzen sich Absichten, den Turnunterricht koedukativ zu gestalten, einer solchen Spezialisierung. Es wird vielmehr eine Auswahl von Fertigkeiten favorisiert, die von beiden Geschlechtern geturnt werden kann, unabhängig davon, daß Jungen an bis dahin nur für Mädchen vorgesehenen, Mädchen dagegen an Jungengeräten turnen.

Im Zusammenhang mit sozialen Prozessen muß schließlich auch noch auf den untrennbar mit dem Gerätturnen verbundenen Auf-

und Abbau der Geräte hingewiesen werden. Keine andere Sportart verlangt so viel materiellen Aufwand wie das Gerätturnen, so daß der Auf- und Abbau als eine wesentliche Determinante des Unterrichts im Gerätturnen anzusehen ist. Dieser kann nicht vom Lehrer allein geleistet werden, und auch den gängigen Praktiken, die Schüler, die als erste in die Halle stürmen, gleich in Empfang zu nehmen und mit dem Aufbau beginnen zu lassen, alle anderen jedoch nicht mehr daran zu beteiligen, weil man vor allem den Überblick verloren hat, ist eineAbsage zu erteilen. Hier öffnet sich vielmehr ein weiteres Feld sozialen Handelns. Wenn der Unterricht erst dann begonnen wird, wenn die Gruppen vollzählig versammelt sind, eignen sich diese Stundenteile sehr gut, den Schülern eigenverantwortliche Aufgaben zuzuweisen. Von seiten des Lehrers sind hierfür nach einer vorangestellten Einweisung in die Funktion der Geräte in der Stunde selbst nur noch Orientierungshilfen notwendig.

2.2.1.3 Die affektiv-emotionale Dimension

Nicht zu trennen vom motorischen und vom sozialen Bereich ist die affektive Dimension, weil sich beim Vollzug turnerischer Bewegungsabläufe mit und ohne Hilfe durch den Partner offensichtlich emotionale Prozesse abspielen. Da Sportunterricht immer auch auf erfüllte Gegenwart zielt, d.h., den momentanen Befürfnissen der Schüler hinsichtlich Bewegungsvollzug und Bewegungserleben Rechnung getragen werden muß, verlangt der affektiv-emotionale Verhaltensbereich eine ganz besondere Berücksichtigung. Sportunterricht als vorbereitende Zukunft für das Sporttreiben auch außerhalb und nach der Schulzeit unterstreicht diese Notwendigkeit. Von den ersten Erlebnissen hängt es oft ab, ob der Schüler an einer Sportart Gefallen findet. Positive Erlebnisse führen zu affektiven Veränderungen in Richtung positiver Einstellungen, negative dagegen zu ablehnendem Verhalten.

Nimmt man die Untersuchungen zum Schülerinteresse und das schlechte Abschneiden des Gerätturnen bei den Befragungen ernst, so ist gerade diesem Bereich bisher zu wenig Aufmerksamkeit geschenkt worden. Die Einstellungen der Schüler zum Gerätturnen zeigen eine deutlich negative Ausprägung der affektiven Komponente. Diese ist naturgemäß auf die konkreten negativen Lernerfahrungen zurückzuführen. Es sind z.T. negative, z.T. unbequeme Erfahrungen, die das Gerätturnen im Vergleich zu anderen Sportarten hintanstellen.

Seinen ausgesprochen negativen Ausdruck findet die affektive Komponente in der Angst vieler Schüler, die vor allem eine Folge schmerzhafter Erfahrungen in der Auseinandersetzung mit den Geräten ist, und wie oft wird die Angst vor einer Übung zur Angst vor dem Gerät. Die Forderung, eine Häufung derartiger Erfahrungen zu vermeiden, favorisiert einerseits bestimmte methodische Vorgehensweisen, stellt sich andererseits aber besonders als didaktisches Auswahlkriterium dar: Angst im Gerätturnen kann nur dadurch vermieden werden, daß bei der Inhaltsauswahl auf alle die Fertigkeiten verzichtet wird, die notwendig mit schmerzhaften Erfahrungen verbunden sind. Inhaltsauswahl geschieht so unter einem ganz anderen Blickwinkel, als wenn man z.B. das Kriterium der Bewegungsverwandtschaft als Diktion unterrichtlichen Vorgehens versteht. Auf die so "ungeliebte" Rolle vorwärts am Barren - um nur ein Beispiel des ewigen Anstoßes zu nennen - wird man deshalb im Anfängerunterricht verzichten, obwohl diese schon sehr früh im "Stammbaum der Rollen" erscheint (vgl. MEUSEL 1975).

Nach negativen Erfahrungen ist jede weitere Aufforderung zum Handeln von negativen Gefühlszuständen begleitet, wenn Situationen bewältigt werden sollen, die objektiv keine Sicherheit versprechen. Der Anreiz einer Aufgabenstellung ist zwar dann besonders groß, wenn Mut und Geschicklichkeit verlangt werden, es treten jedoch Konflikte auf, wenn wenig vertrauenerweckende Bedingungen angetroffen werden. Vertrauen zu schaffen ist eine der wichtigsten Forderungen des Unterrichts im Gerätturnen, es ist die notwendige Voraussetzung, um Vertrauen ins eigene Können zu erlangen.

Objektiv sicher werden die Aufgabenstellungen durch den Einsatz von indirekten Lernhilfen. Sie schaffen Voraussetzungen, die die Bewegungsausführungen nicht mehr in dem Maße vom Können und von der Zuverlässigkeit der Helfer abhängig machen. Sie sind für den Lernenden genauer auszurechnen und vermitteln ein Gefühl der Sicherheit.

Neben indirekten Gerätehilfen sind es auch die direkten Hilfen, die besonderer Aufmerksamkeit bedürfen. Das Gefühl zu vermitteln, daß man sich auf Hilfen nicht nur durch den Lehrer, sondern vor allem durch die Schüler verlassen kann, setzt voraus, daß die Schüler gelernt haben, Hilfestellungen zu geben, und daß sie erfahren haben, daß ihnen geholfen wird. Die im Zusammenhang mit der sozialen Dimension hervorgehobene Notwendigkeit der Kooperation der Schüler untereinander hat damit auch hier ihre Bedeutung.

Schließlich hat auch die indirekte Bewegungssicherung eine wichtige Aufgabe im affektiven Bereich zu erfüllen. Hierunter fallen alle "Maßnahmen zur besonderen Sicherung der Niedersprung- bzw. Landestelle und zur Absicherung der Bewegung selbst" (SÖLL 1972, S. 190). Da es in der Schule nicht so sehr um die produktorientierte, gekonnte Ausführung der Bewegung ohne besondere Hilfen und Sicherungen geht, sondern vielmehr um die Ausführung der Bewegung überhaupt, ist die subjektiv empfundene Sicherheit von besonderem Interesse. Weichböden, besondere Mattenlagen, Sprunghügel und Geräteersatz haben erfahrungsgemäß die erforderliche psychologische Wirkung, die Ausführung einer Bewegung sicherer erscheinen zu lassen, und sind oft der entscheidende Anteil der Aufforderung zum mutigen Einsatz. Dabei sind natürlich auch die Gefahren zu sehen, daß stimulierende Wirkungen nicht nur die tatsächliche Leistungsfähigkeit, sondern auch Selbstüberschätzung provozieren können.

Neben der direkten und der indirekten Bewegungssicherung als Aufforderung zur Bewegungsausführung gibt es eine ganze Reihe von Bedingungen, die geeignet sind, den affektiven Gehalt des Gerätturnens wirksam werden zu lassen. Bedingungen mit besonderem Aufforderungscharakter werden durch den Einsatz von Gerätehilfen geschaffen. Oft gelingt es erst auf diese Weise, eine Bewegung interessant zu machen. So ist eine Rolle über eine Erhöhung reizvoller als etwa ihre Ausführung auf dem

Boden, eine Nackenkippe von einem Kasten ansprechender als das Abmühen auf der Matte.

Lernzielorientiert wird man ein Vorgehen eher als Umweg bezeichnen, wenn nicht die möglichst direkte Methode gewählt und eine Lernhilfe z.B. nicht wieder abgebaut wird, sobald sie ihre Aufgabe erfüllt hat. Die Turnliteratur ist der beste Spiegel von am Ökonomiedenken ausgerichteten Lehrweisen. Dabei wird oft nicht bedacht, daß es nicht nur um die Sache, sondern auch - oder vor allem - um den Schüler geht. Viel zu ernst und zu formalistisch geht man an die Sache heran, und der Unterricht besteht allzuoft nur aus einer Aneinanderreihung von Lernprozessen, die bei den Schülern eine Arbeitshaltung voraussetzen, die nur zu zeigen bereit ist, wer schnell zu sichtbarem Erfolg kommt. Alle anderen machen sehr beschwerliche Erfahrungen und verlieren die Lust. Hat man einmal den Anschluß verloren, so treten gehäuft Mißerfolge auf, die - im Gegensatz etwa zum Spiel, in dem z.B. auch ein schlecht ausgeführter Korbwurf zum Erfolg führen kann - von jedem selbst und auch von den Mitschülern als motorisches Versagen wahrgenommen wird. Es gibt keine Sportart, in der motorisches Versagen so deutlich wird wie im Turnen, der Weg von dort zur sozialen Außenseiterstellung ist nicht weit; zumal in diesem Alter die Beliebtheit stark mit der sportlichen Leistungsfähigkeit korreliert.

Eine besondere Berücksichtigung affektiv-emotionaler Prozesse verlangt eine Auseinandersetzung mit der Frage, wie trotz der Vermittlung relativ genormter und schwieriger Fertigkeiten, die oft lange Lernprozesse und deshalb auch ökonomisches Vorgehen erforderlich machen, der affektive Gehalt des Turnens von jedem Schüler erfahren wird. So werden Vorgehensweisen favorisiert, die den Einsatz von Gerätehilfen nicht in erster Linie an einer möglichst schnellen Hinführung zu den genormten Bedingungen messen, sondern eher darauf ausgerichtet sind, das in der Grobform gelernte Element oder auch noch seine Vorstufen in interessanten und variablen Aufbauten anzuwenden, d.h., daß die Schüler in Situationen gestellt werden, in denen sie ihr Können als Besitz erfahren können. Gerätehilfen haben so einerseits die Funktion von Lernhilfen, sind andererseits durch ihren Aufforderungscharakter die Gewähr dafür, daß der notwendige Anreiz zum Turnen geschaffen wird, und bieten schließlich erst die Möglichkeit, jeden am Übungsprozeß zu beteiligen.

Schließlich sind es auch die Geräte selbst, die einer kritischen Betrachtung standhalten müssen. Wenn man davon spricht, daß Turngeräte einen hohen Anreiz zur Auseinandersetzung in sich tragen, so sind sicher nicht unbedingt die genormten, dem Leistungsturnen entsprechenden Geräte gemeint. Höchsten Anreiz besitzen z.B. das Minitramp und die schwingenden Seile und Ringe. Eine Ausrichtung am Leistungsturnen würde keine Zeit für diese Geräte übriglassen, eine Auswahl nach Anreizcharakter hat dagegen gerade hier ihre Schwerpunkte. Auch geht es nicht darum, Geräte nur in ihren genormten Bedingungen zu nutzen, sondern eher darum, die Bedingungen so abzuwandeln, daß Spaß entsteht, ohne daß es zur Spielerei wird.

2.2.1.4 Die kognitive Dimension

Die kognitive Dimension ist sicher die unbedeutendste der angesprochenen Zieldimensionen, dennoch ist sie nicht unwichtig. Denn Kognitives liegt quer zu allen Inhalten und quer zur methodisch-organisatorischen Gestaltung des Unterrichts. So laufen sportliche Vollzüge einerseits nicht ohne Beteiligung gedanklicher Prozesses ab, andererseits sind weder das Erlernen sportmotorischer Fertigkeiten noch die Bewältigung von Situationen im sozialen Bereich ohne die kognitive Komponente denkbar (vgl. BRETTSCHNEIDER 1975, S. 98), und auch die Erledigung unterrichtsorganisatorischer Aufgaben, bei denen die Schüler z.B. mit in die Verantwortung der Unterrichtsgestaltung genommen werden, verlangen eine bewußte Berücksichtigung gedanklicher Prozesse.

Im einzelnen geht es um das Schaffen einer gemeinsamen Sprache, um das Kennenlernen der Geräte und ihrer Funktion, um die Kenntnis der Helfergriffe und ihrer Bedeutung für den Lernprozess und um die Kenntnis der wichtigen Bewegungsmerkmale der sportmotorischen Fertigkeiten.

Die Entwicklung einer gemeinsamen Sprache ist die Voraussetzung für einen angemessenen Kommunikationsprozeß Lehrer-Schüler und Schüler-Schüler. Gerätebezeichnungen, Namen von Fertigkeiten, Signalwörter zur Begleitung von Lern- und Übungsprozeß und die Bezeichnungen der Helfergriffe bilden den Begriffsapparat, der für eine unterrichtliche Verständigung notwendig ist, sie sind andererseits aber auch die Voraussetzung für eine sachgerechte Kommunikation der Schüler untereinander.

Turnen ist eine sehr geräteintensive Sportart. In kaum einem anderen Bereich hängen Auf-, Ab- und Umbauten so sehr von der tätigen Mithilfe von seiten der Schüler ab. Die Voraussetzungen hierfür werden durch eine "kleine Gerätekunde" geschaffen, durch die der Schüler Bau und Funktion der Geräte so kennenlernt, daß er sie eigenverantworltich handhaben kann.

Noch mehr ist die Eigenverantwortlichkeit der Schüler im Bereich des Helfens und Sicherns gefordert, weil hier die Effiziens des Unterrichts auf dem Spiele steht. Freies Üben im Stationsbetrieb, eigenständige Bewältigung von Bewegungsaufgaben und auch die Intensivierung und Variation des Unterrichtsprozesses durch "Flüsse", "Ströme" und "Kreise", wie sie von uns im besonderem Maße intendiert sind, sind oftmals nur auf der Grundlage möglich, daß jeder Schüler die Helfergriffe kennt und ihre Anwendung beherrscht.

Und schließlich ist es die Bewegung selbst, auf die wir das "geistige Auge" des Schülers lenken. Die zu vermittelnden Fertigkeiten zeichnen sich durch jeweils charakteristische Merkmale aus, deren Kenntnis die Voraussetzung für einen bewußten Lernprozeß ist. Sie sind Grundlage der bewußten Kontrolle der eigenen Bewegungsausführung und gemeinsame Verständigungsbasis beim Eingreifen in die Bewegung durch Korrekturmaßnahmen.

Da,wo das Kognitive in den Blick gerät, darf dieser jedoch nicht dafür verstellt werden, daß Sportunterricht eigenen Gesetzen unterliegt. Sportunterricht ist in erster Linie praktischer Unterricht, Sportzeit in erster Linie Bewegungszeit. Kognitives muß sich in die Logik des an der Praxis orientierten Unterrichts einfügen, es geht keineswegs darum, Sitzstunden zu erzeugen. Hier haben Arbeitskarten und Schülerarbeitsblätter ihren Platz, die wohl am besten geeignet sind, die wichtigsten Details in Wort und Bild anschaulich herauszustellen. Sie haben als Information vorweg, aber auch, den Lern- und Übungsprozeß begleitend, als ständig gegenwärtige Vergleichs- und Kontrollmöglichkeit eine wichtige Funktion.

Und noch eines muß bedacht werden: Sportunterricht ist nicht nur die Bedingung, sondern auch das Bewährungsfeld aller kognitiven Inhalte. D.h. insbesondere, daß es nicht nur darum geht, Kenntnisse zu vermitteln, sondern es müssen auch Situationen bereitgestellt werden, diese zu erproben und Erfahrungen mit ihnen zu sammeln. Die Schüler sollen die Helfergriffe, die Bewegungsmerkmale, die Geräte und ihre Funktion usw. nicht nur kennen, sondern ihre Kenntnisse vor allem auch anwenden, indem sie die Bewegungen ihrer Mitschüler hilfreich unterstützen und sichern, ihre Bewegungsausführungen beobachten und korrigierend eingreifen und die Geräte eigenverantwortlich handhaben.

Die getrennte Darstellung der Lernzielbereiche erfolgte lediglich in der analytischen Absicht, die Mehrperspektivität des Gerätturnens zu demonstrieren. Der praktische Unterricht im Gerätturnen ist immer dieses Mehrfache: ein Miteinander aller vier Bereiche. Die unterrichtlichen Maßnahmen zielen auf eine gegenseitige Durchdringung, wobei je nach Schwerpunktsetzung mal der eine, mal der andere Bereich im Vordergrund steht.
Wie sehr die Bereiche miteinander verflochten sind, soll abschließend anhand der "Hilfestellung" verdeutlicht werden.

Voraussetzung für Hilfestellungen von seiten der Schüler ist die Kenntnis von Helfergriffen und ihrer Funktion, das Wissen um die Bewegungsstruktur der zu unterstützenden Bewegung und ihrer Phasen sowie die Kenntnis der Gefahrenpunkte von Aufgabenstellungen (kognitive Dimension). Sie sind die Basis der Vermittlung des Gefühls der Sicherheit bei Hilfen durch Mitschüler, des Vertrauens, des Abbaus von Angst und des Bewußtseins, Aufgaben selbständig meistern zu können (affektive Dimension). Sich dabei gegenseitig zu helfen heißt, kooperieren, arbeitsteilig in Gruppen zu arbeiten und Verantwortung für die Sicherheit des anderen zu übernehmen (soziale Dimension). Hilfestellungen sind immer Bewegungshilfen. Sie geben die notwendige Bewegungsführung und sind oftmals erst die Voraussetzung dafür, daß eine Bewegung überhaupt ganzheitlich ausgeführt werden kann. Die Selbständigkeit der Schüler beim Helfen und Sichern gestattet die Organisation des Unterrichts im "Stationsbetrieb", in "Kreisdurchgängen", "Bahnen" usw. als wesentliche Grundlage für eine hohe Übungsdichte, die auch Turnstunden zu "Kreislaufstunden" werden läßt (motorische Dimension).

2.3 Zusammenfassung

Die dargestellte Analyse offenbart das Turnen als einen vielperspektivischen Unterrichtsgegenstand. Die wichtigsten Ergebnisse seien abschließend noch einmal zusammengefaßt. Sie sind die wichtigen Entscheidungshilfen für die dann anschließende konkrete Darstellung von Inhalten, methodischem Vorgehen und auch organisatorischer Gestaltung des Unterrichts im Gerätturnen.

1. Das Angebot im Gerätturnen soll aus einfachen und grundlegenden Bewegungsfertigkeiten bestehen, die jedem Schüler die Chance einer vielseitigen Entfaltung und Entwicklung seiner Bewegungsmöglichkeiten bieten.
2. In den Mittelpunkt des Angebots gehören das Bodenturnen und die Sprunggeräte, und auch das Minitramp, Seile und Schwingende Ringe sind in angemessenem Umfang zu berücksichtigen, weil sie am besten geeignet sind, dem Bewegungsbedürfnis und Bewegungserleben gerecht zu werden.
3. In der Organisation des Unterrichts und in der Anordnung der Geräte liegt die Chance, das Turnen für eine vielseitige körperliche Ausbildung zu nutzen. Die Dichte der dafür notwendigen Entwicklungsreize wird durch "Bahnen", "Ströme" und "Kreise" usw. erreicht, und diese sind schon bei methodischen Vorstufen möglich.
4. Helfen und Sichern sind wichtige soziale Interaktionsfor-

men im Gerätturnen. Ihrer Bedeutung als soziale Lernziele werden sie erst dann gerecht, wenn jeder Schüler in Situationen gestellt wird, in denen er verantwortlich die Funktion des Helfers übernehmen muß.
5. Die Vermittlung von Helfergriffen verlangt eine methodische Einführung, an deren Beginn ihre Anwendung in relativ einfachen und ungefährlichen Situationen steht. Da es nicht darum gehen kann, Turnstunden zu Hilfestellungsbetrieben entarten zu lassen, stehen solche Phasen im Wechsel mit Ausführungen ohne Einsatz von Helfern.
6. Bei der Vermittlung von Fertigkeiten ist den indirekten Lernhilfen immer dann der Vorzug zu geben, wenn es mit ihrer Hilfe gelingt, die Situationen von einem kräftemäßigen Vorsprung des Helfers unabhängig zu machen. Sie sind oft erst die Voraussetzung für eine Kooperation der Schüler untereinander.
7. Die Arbeit in Kleingruppen (z.B. Dreiergruppen) ist die Voraussetzung für ein arbeitsteiliges, verantwortungsbewußtes kooperatives Handeln. Ihr ist deshalb- auch dort, wo nur wenige Geräte zur Verfügung stehen- als übende Einheit der Vorzug vor der traditionellen Riegenarbeit zu geben.
8. Im koedukativen Unterricht soll in dieser Altersstufe keine Differenzierung hinsichtlich der Geräte und der an ihnen verlangten Fertigkeiten vorgenommen werden. Gemischtgeschlechtliche Gruppen mit gleichem Angebot sind die Voraussetzung für ein intendiertes Miteinander.
9. Auf-, Ab- und Umbau der Geräte sind ein wichtiges Feld sozialen Handelns, an dem alle Schüler verantwortlich beteiligt werden sollen.
10. Bei der Inhaltsauswahl soll auf alle die Fertigkeiten verzichtet werden, die notwendigerweise mit schmerzhaften Erfahrungen verbunden sind, da sie am besten geeignet sind, den Spaß am Turnen zu verübeln.
11. Durch den Einsatz indirekter Lernhilfen gelingt es am besten, Situationen objektiv sicher zu gestalten. Sie sind oft die Voraussetzung dafür, beim Schüler Vertrauen auch in schwierige Aufgabenstellungen zu schaffen.
12. Auf die Vermittlung von Hilfestellungen ist größte Sorgfalt zu verwenden. Sie schafft die Grundlage dafür, daß auch

in schwierigen Situationen Schüler als Helfer akzeptiert werden.

13. Die Turnausbildung soll nicht aus einer Aneinanderreihung von Lernprozessen bestehen. Um Bedingungen mit einem besonderen Aufforderungscharakter zu schaffen ist es oft angebracht, nicht die direkte Methode, sondern auch Umwege zu gehen, so z.B. wenn man, statt eine Geländehilfe in der Höhe zu verringern, sie im Gegenteil weiter erhöht, um neue Anreize zu schaffen. Derartige Vorgehensweisen sind besonders geeignet, die Schüler soeben Erlerntes in interessanten und variablen Bedingungen erfahren und erleben zu lassen.

14. Die Schüler eigenverantwortlich am Unterricht zu beteiligen, verlangt die Vermittlung einer Reihe von Kenntnissen. Der Sportunterricht in seiner Eigengesetzlichkeit ist Bedingung und Bewährungsfeld dieser theoretischen Inhalte. D.h., es ist einerseits zu beachten, daß Sportzeit in erster Linie Bewegungszeit ist, andererseits muß der Unterricht selbst die Situationen bereitstellen, die geeignet sind, erworbene Kenntnisse anzuwenden.

3. Praxis des Gerätturnens

Der folgende praktische Teil umfaßt methodische Vorschläge, organisatorische Modelle und Arbeitskarten für Fertigkeiten, Hilfestellung sowie Gerätefunktion und -handhabung. Die Darstellungen sind einheitlich so gewählt, daß den ausführlichen zeichnerischen Darstellungen auf dem jeweils linken Teil der Seiten ein nur spärlicher Text auf dem rechten Teil gegenübersteht. Für zusätzliche Notizen ist reichlich Platz.

Der Leser wird ausdrücklich aufgefordert, sich die Arbeitskarten durch Auflegen von Folien herauszuzeichnen.

Für die Organisationsmodelle werden "stationäres Üben" "Kreis", "Bahn", "Welle", "Treppe" und "Strom" unterschieden. Eine Erläuterung geben die nachfolgenden Zeichnungen. Zur Handhabung der Modelle, die je für sich den organisatorischen Rahmen einzelner Unterrichtsstunden bestimmen, soll noch einmal ausdrücklich betont werden, daß das "stationäre Üben" die Voraussetzung dafür ist, daß die Schüler die Anforderungen der Aufgabenstellung, die Geräteordnung, die Hilfestellung usw. kennenlernen und mit den jeweils neuen Bedingungen vertraut werden. Deshalb sollte dem "stationären Üben" zunächst ein relativ großer zeitlicher Raum gegeben werden, bevor dann in "Kreisen", "Strömen" usw. variiert wird.

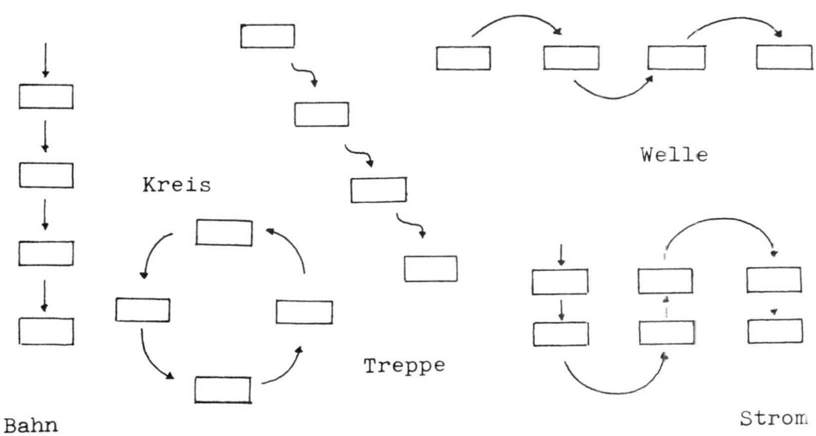

3.1 Bodenturnen

3.1.1 Radschlagen

Radeln über eine umgelegte Bank (Armspeichen)

von einer Erhöhung

ohne Erhöhung

mit Griff auf den entfernten Balken

über die Bank hinweg

RADSCHLAGEN

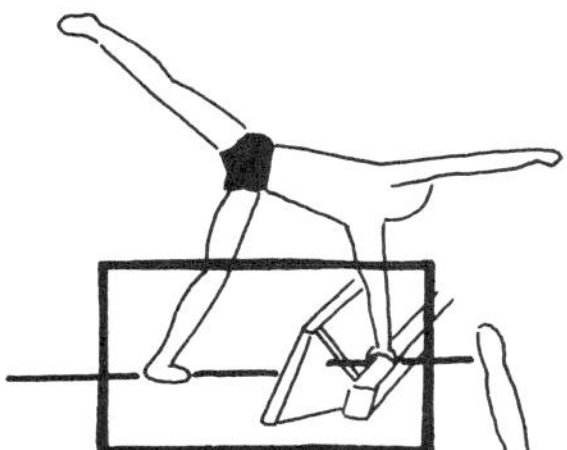

Setze die erste Hand gerade vor den Fuß

▶ AUF EINER LINIE ◀

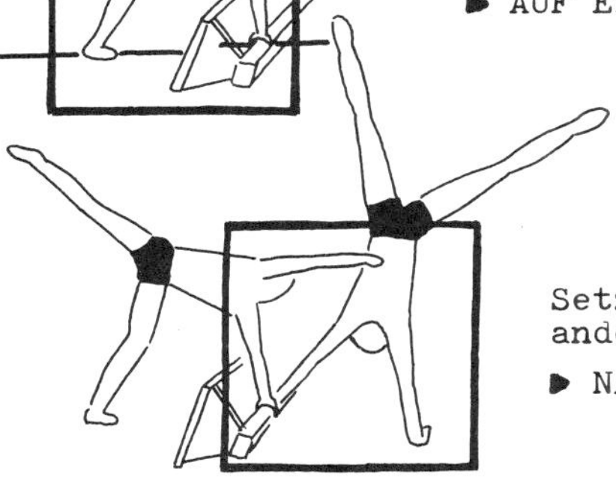

Setze die Hände nacheinander auf

▶ NACHEINANDER ◀

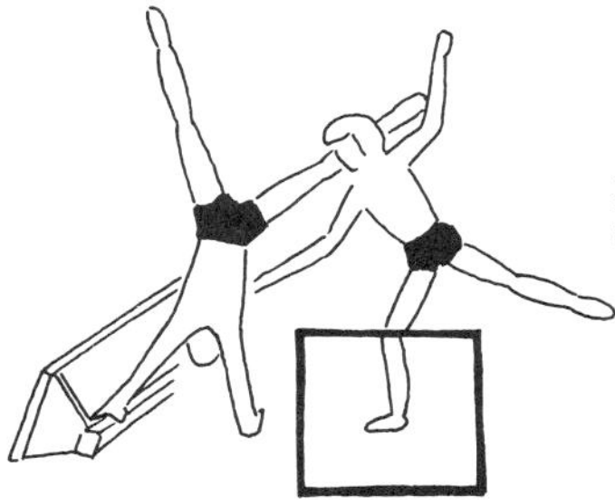

Deine Fußspitze zeigt zurück

▶ FUSSSPITZE ◀

MATTENTRANSPORT:

Fahrt die Matten dahin, wo Ihr sie benötigt

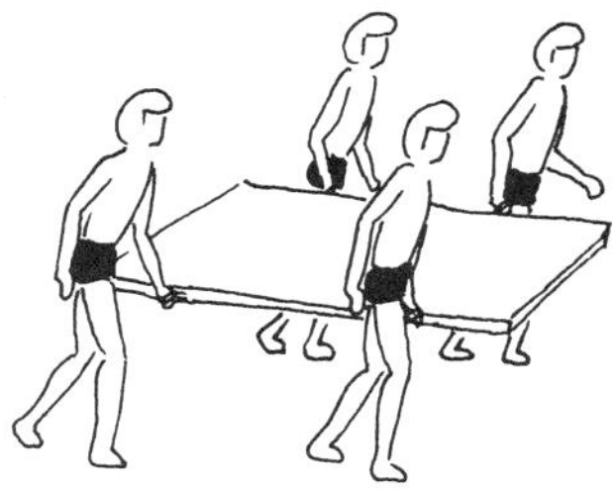

So tragt Ihr die Matten zu viert

▶ JEDER EINE SCHLAUFE ◀

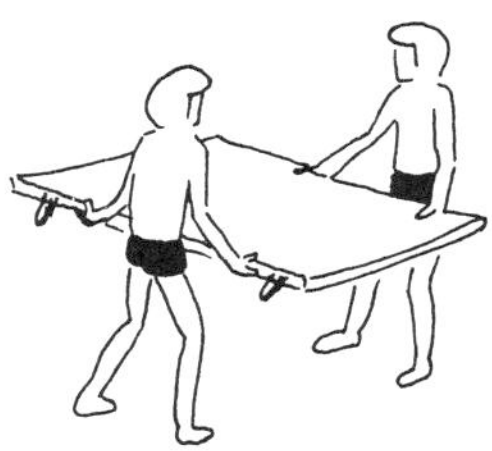

So tragt Ihr sie zu zweit

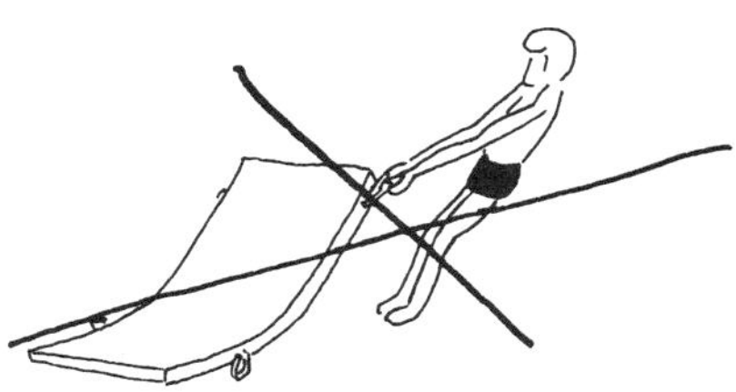

Organisation des Übens:

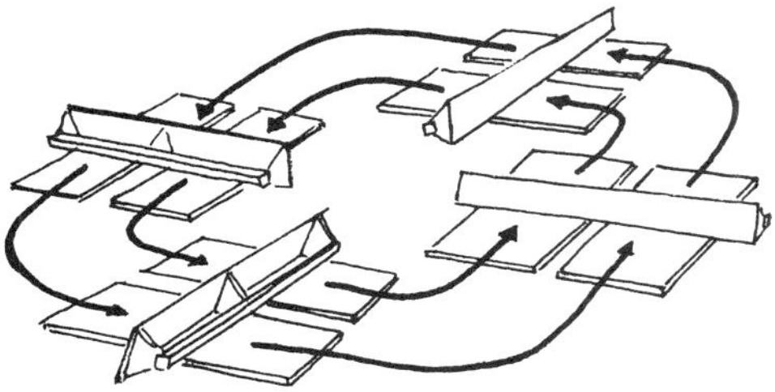

Stationäres Üben und Üben im Kreisdurchgang (Außen- und Innenkreis)

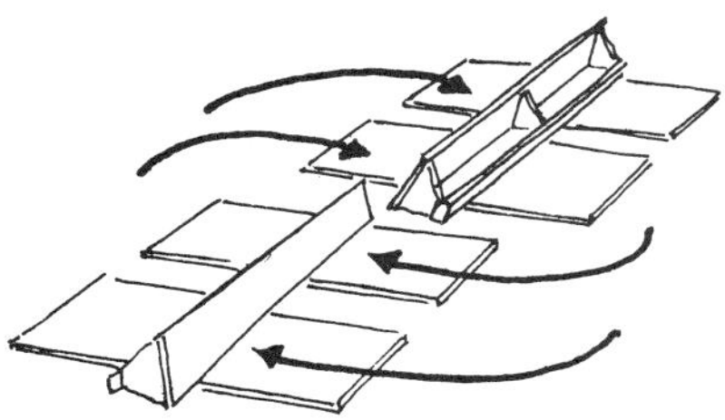

Stationäres Üben und Üben im Kreis (kleine Gruppen, wenig Material)

Stationäres Üben, an zwei Bänken hintereinander und Üben im Kreisdurchgang

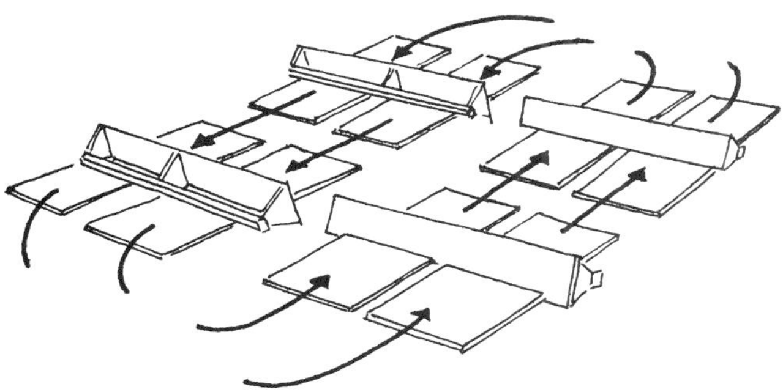

Radeln - bergab

von einer Erhöhung mit Schräge (Sprungbrett)

über einen Graben (Armspeichen)

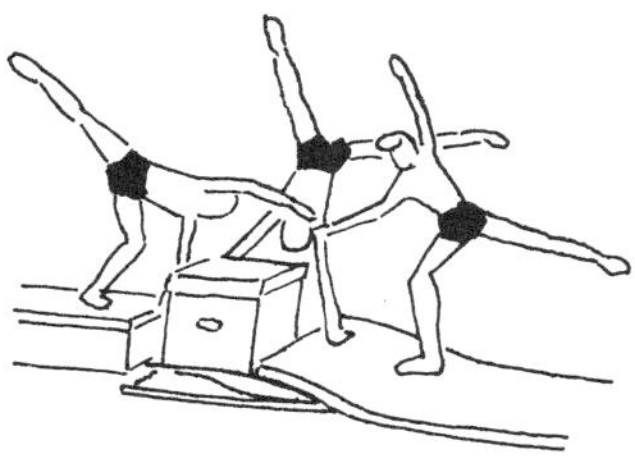

bäuchlings über einen in den Graben gestellten kleinen Kasten (Aufrichten)

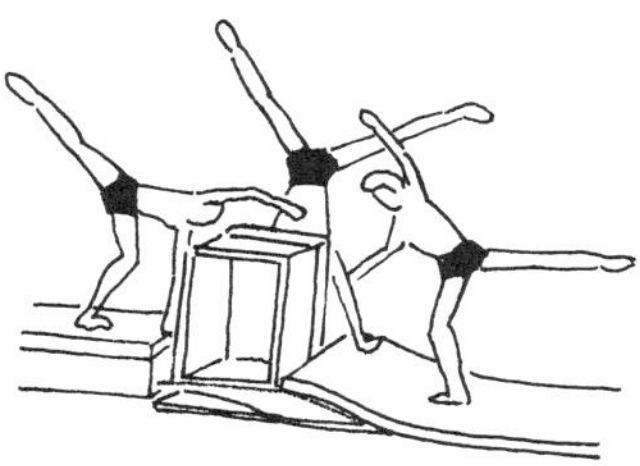

über den hochgekippten Kasten (Hüftstreckung)

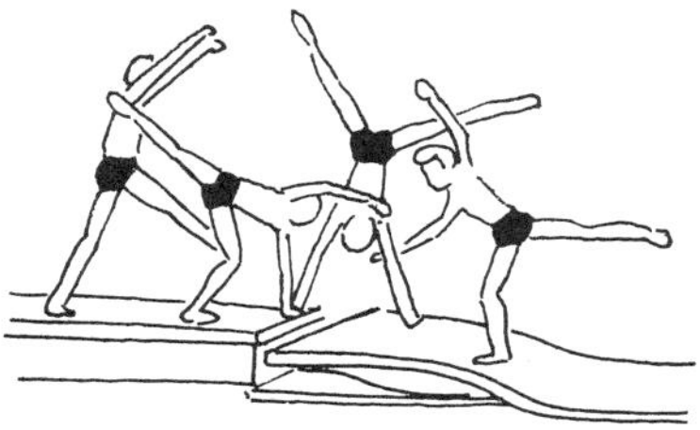

ohne Graben und ohne Streckhilfe

Organisation des Übens:

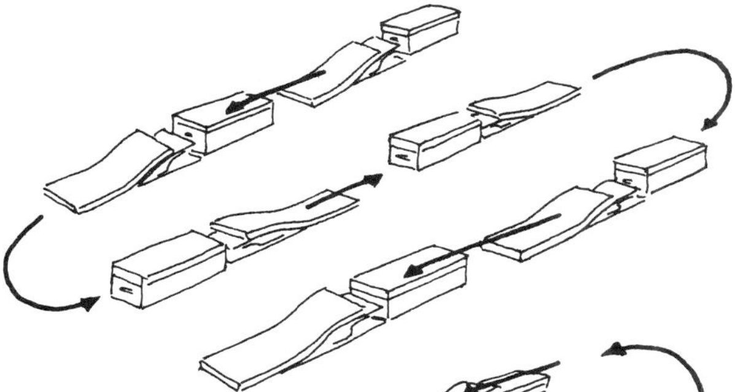

Geräteanordnung
im Strom (Teil-
kreise möglich)

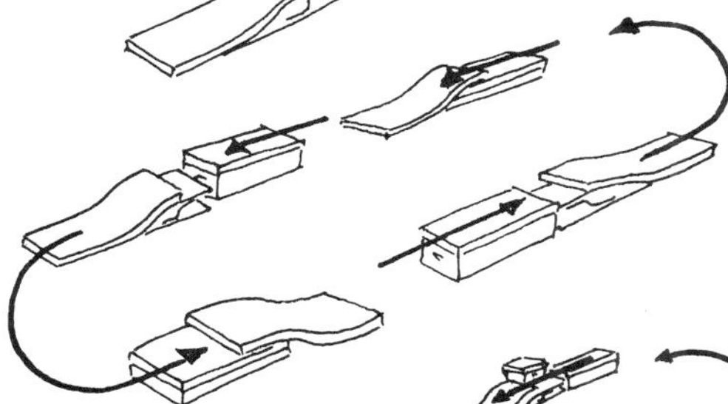

kleiner Kreis
(kleine Gruppen,
wenig Gerät)

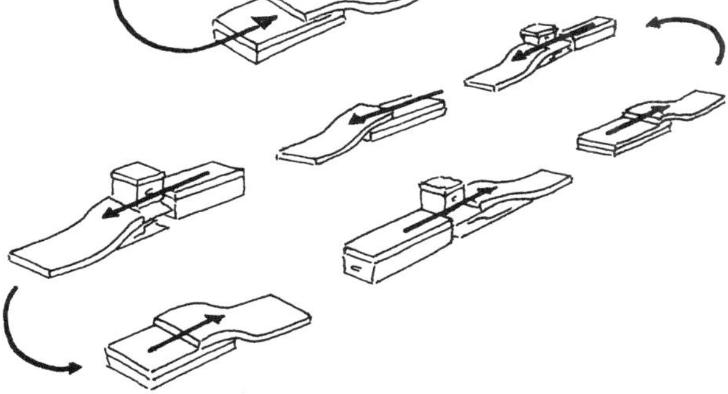

Stationäres Üben,
in Bahnen und im
Kreisdurchgang

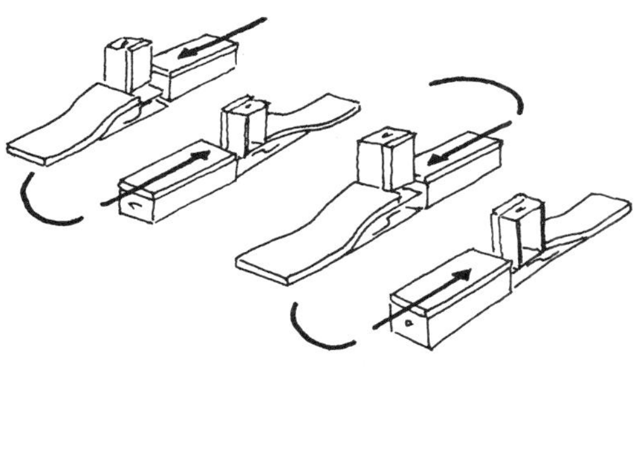

Stationäres Üben,
in zwei Teilkrei-
sen und im Wellen-
durchgang

Radeln - bergab an der umgelegten Bank

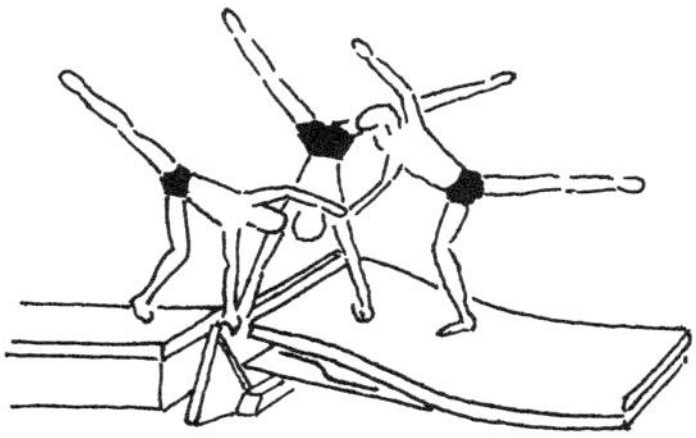

von einer Erhöhung

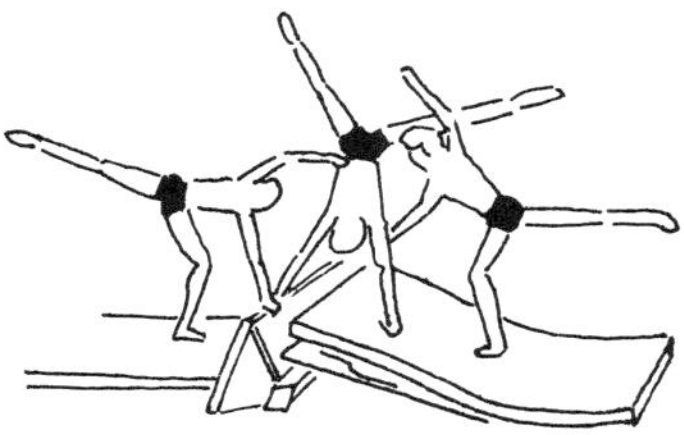

ohne Erhöhung

über einen Graben

über die Bank hinweg

Organisation des Übens:

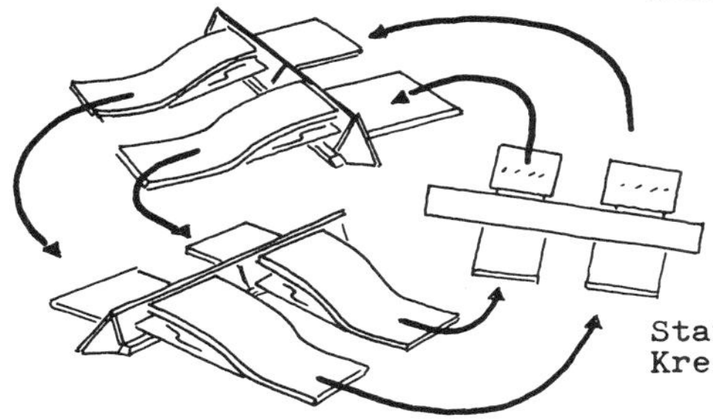

Stationäres Üben und Üben im Kreisdurchgang

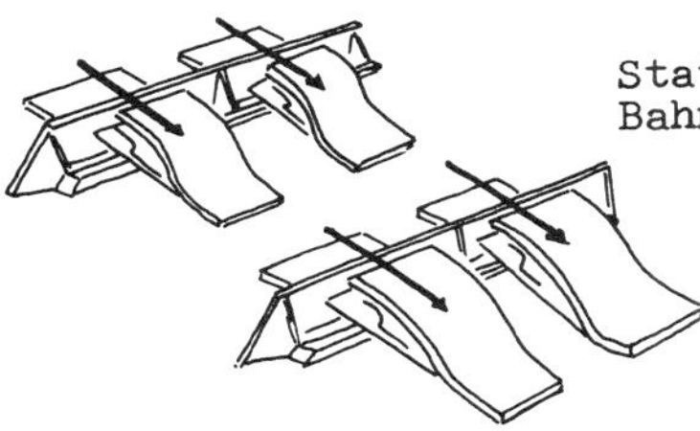

Stationäres Üben und Üben in Bahnen

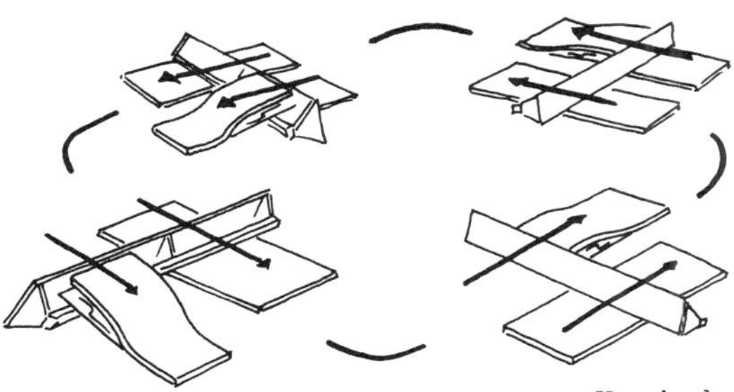

Kreisdurchgang an unterschiedlichen Anlagen

Radeln mit Partner

der Partner liegt
(Armspeichen)

bäuchlings über den Partner in Bankstellung (erste Hand vor, zweite Hand hinter den Unterschenkeln)

über den knienden Partner
(Hüftstreckung)

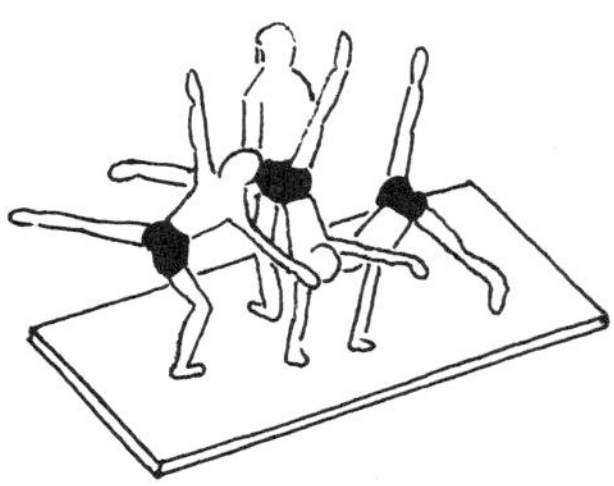

am Rücken des stehenden Partners vorbei
(Körperstreckung)

Jeden Schritt beidseitig erarbeiten!

Organisation des Übens:

Stationäres Üben, Üben in
Bahnen und im Kreisdurchgang

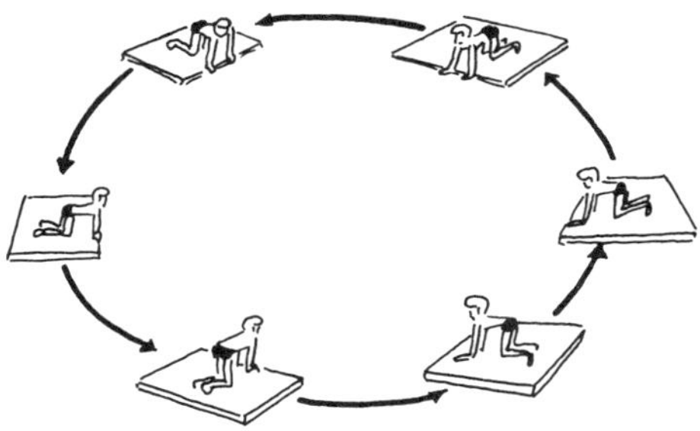

Stationäres Üben und Üben im
Kreisdurchgang

Radeln über den Graben

Mattengraben
(variable Breite)

bäuchlings über einen in den Graben gestellten kleinen Kasten

über den hochgestellten Kasten

Organisation des Übens:

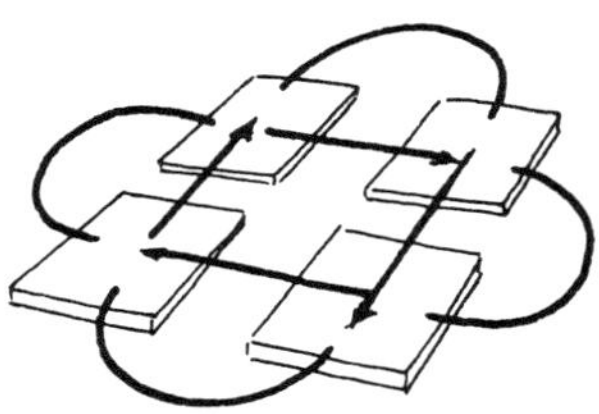

Kreise überkreuz an vier Matten

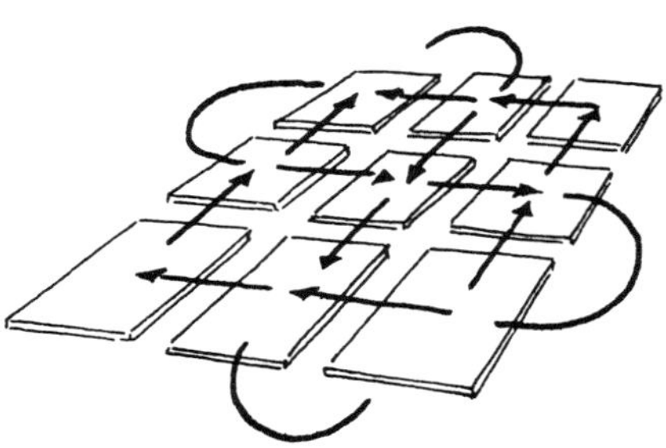

Üben in variablen Bahnen und in variablen Strömen

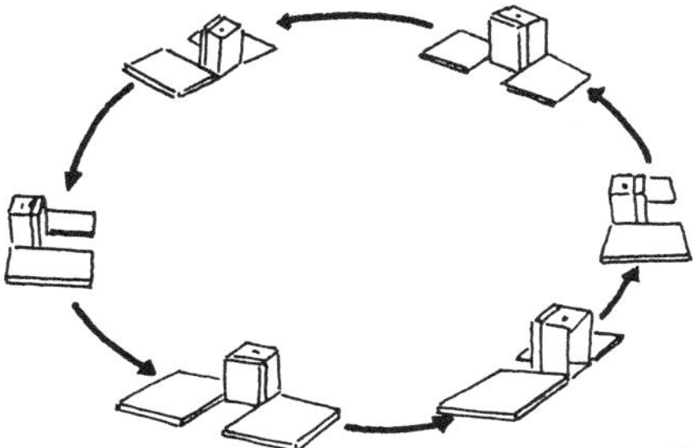

Stationäres Üben, Üben im Kreis-
durchgang

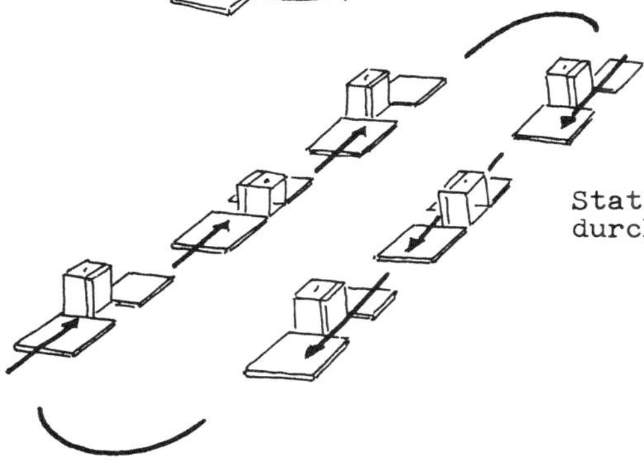

Stationäres Üben, Üben im Kreis-
durchgang und in Bahnen

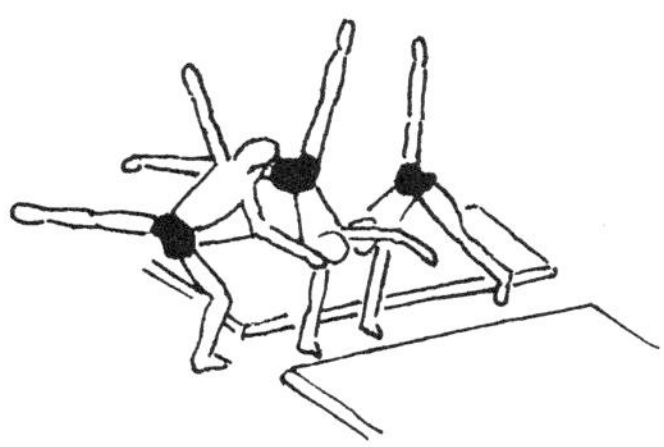

Radeln durch eine Gasse
(variable Breite)

Radeln auf der Linie
(auch Kreislinie)

3.1.2 Handstand

Handstand an der Wand

vorweg: Zappelhandstand

Krabbelhandstand

Hilfestellung: Zwei Helfer mit Klammergriff am Oberschenkel

Handstandschwingen gegen die Wand

Handstandschwingen mit Schritt von einer Erhöhung (Dreh- und Abstoßhilfe)

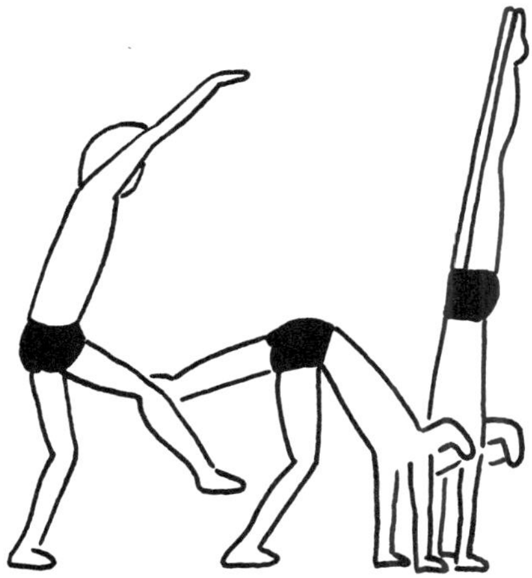

HANDSTAND

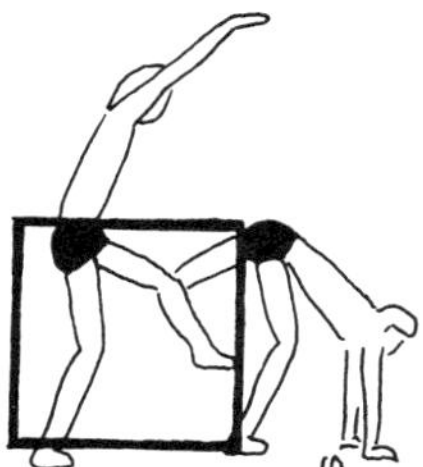

Schwinge aus der Schritt-
stellung auf

▶ SCHRITTSTELLUNG ◀

Sieh stets auf Deine Hände

▶ HÄNDE ANSCHAUEN ◀

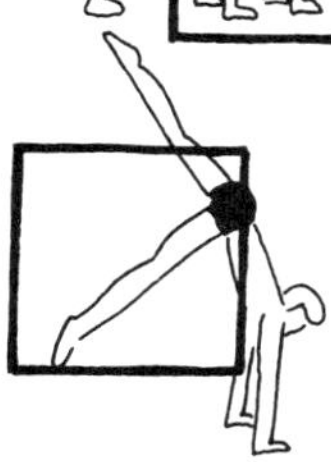

Senke, indem Du ein Bein
abspreizt

▶ ABSPREIZEN ◀

HILFESTELLUNG:
Handstand

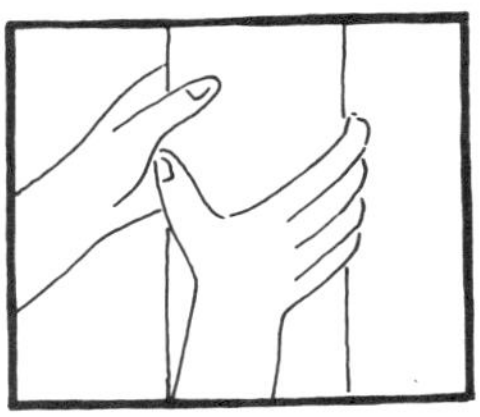

▶ KLAMMERGRIFF ◀ an beiden Oberschenkeln

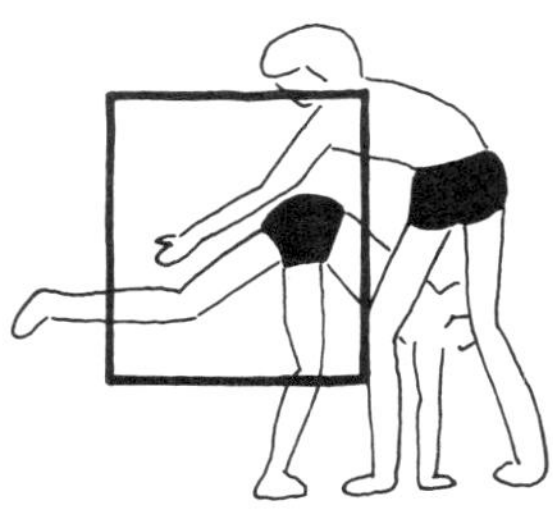

Die Beine des Übenden so früh wie möglich erfassen

▶ ENTGEGENGEHEN ◀

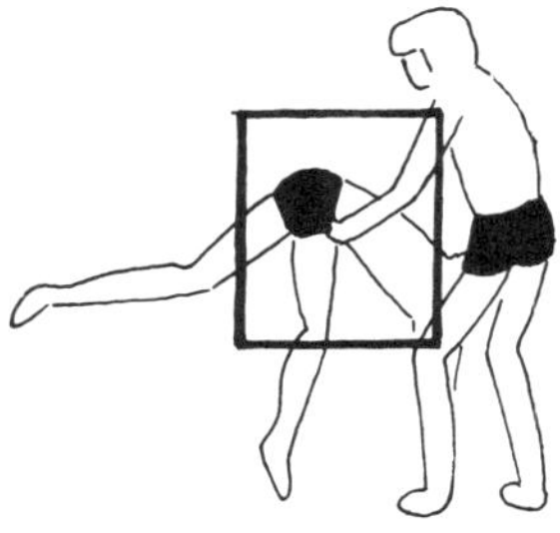

Beim Absenken:

▶ HAND IN DEN HÜFTWINKEL ◀

Handstandschwingen mit zwei Helfern

Organisation des Übens:

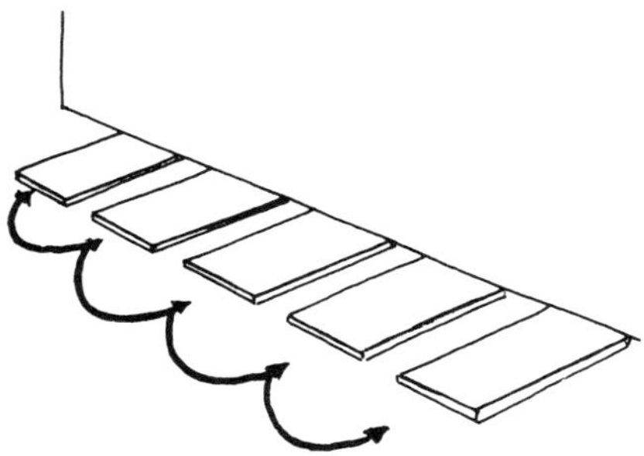

Etwa fünf Matten sind eine Einheit. Der Übende wechselt von Matte zu Matte, die Helfer bleiben fest, oder es wechseln die ganzen Übungsgruppen (Helfer und Übender)

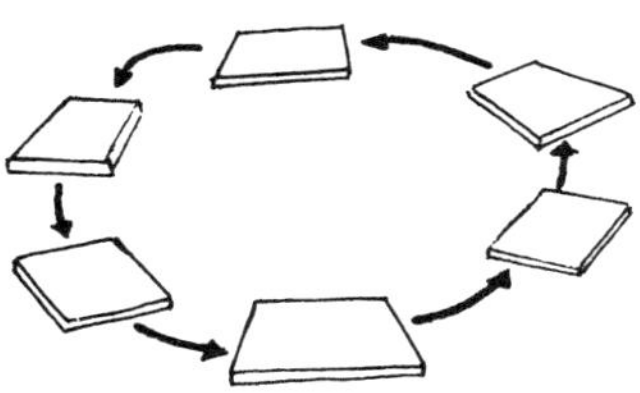

Stationäres Üben und Üben im Kreisdurchgang

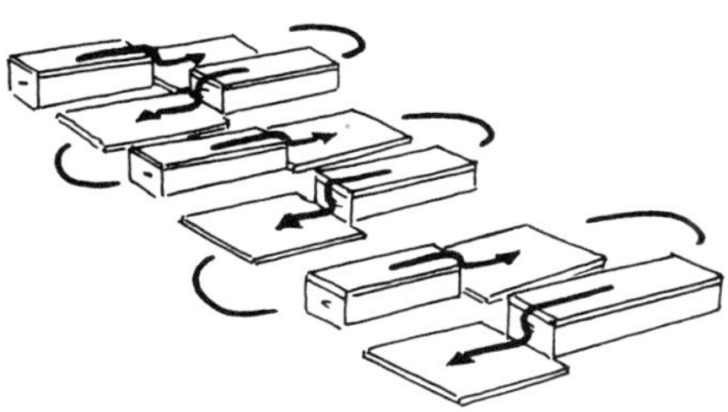

Stationäres Üben, Üben in Teilkreisen und im Strom

Handstand auf einer Erhöhung (zwei Helfer)

Krabbelhandstand

Aufschwingen gegen die Wand

freies Aufschwingen

Organisation des Übens:

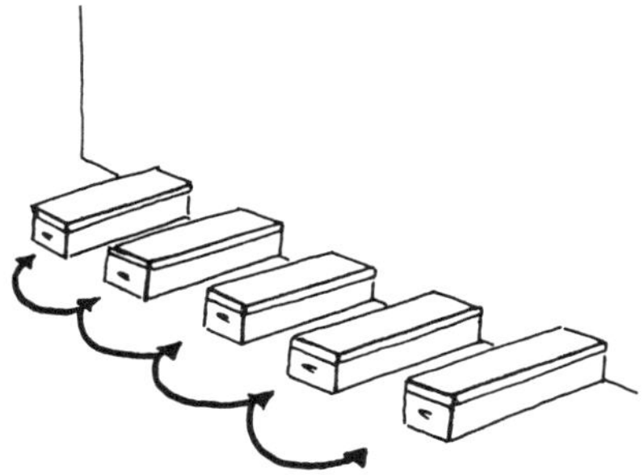

Stationäres Üben und Wechsel von Station zu Station. Dabei bleiben die Helfer fest oder die ganze übende Gruppe wechselt

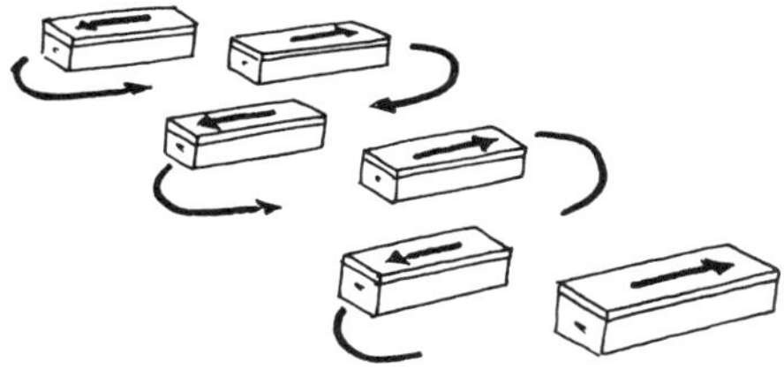

Stationäres Üben, Üben in Teilkreisen und im Strom

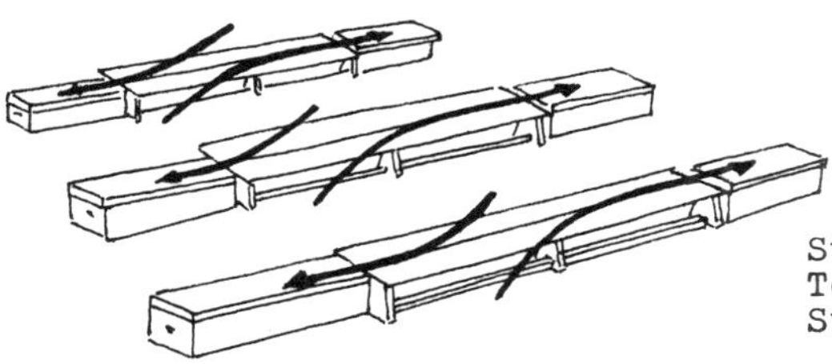

Stationäres Üben, Üben im Teilkreis und Rundgang von Station zu Station

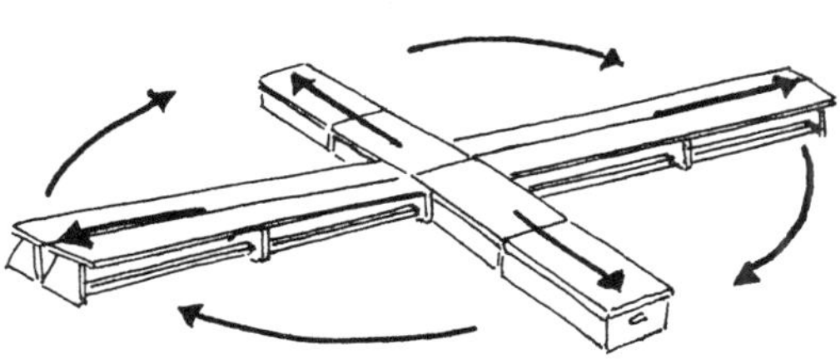

Üben am Gerätekreuz

Handstandlaufen (zwei Helfer)

Abstellen an der Wand

Hilfestellung: Zwei Helfer fassen und begleiten den Übenden mit Klammergriff am Oberschenkel

von der Matte, auf die Matte

um eine Matte herum

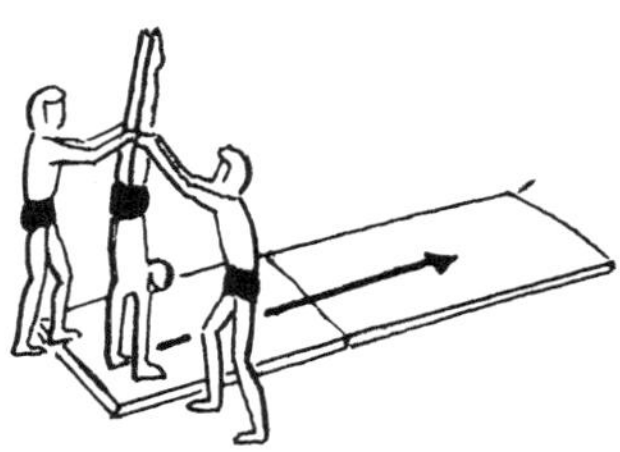

über zwei Matten

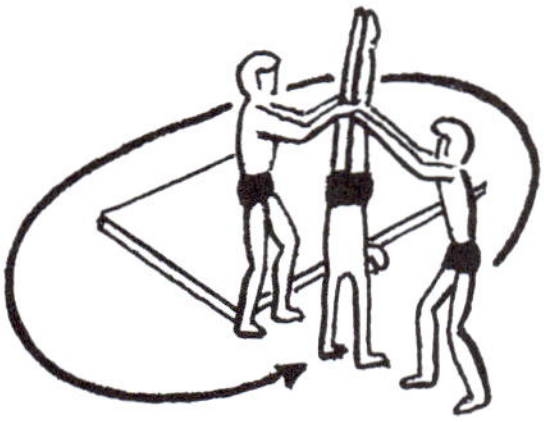

um eine Matte herum

auf einer Erhöhung

Organisation des Übens:

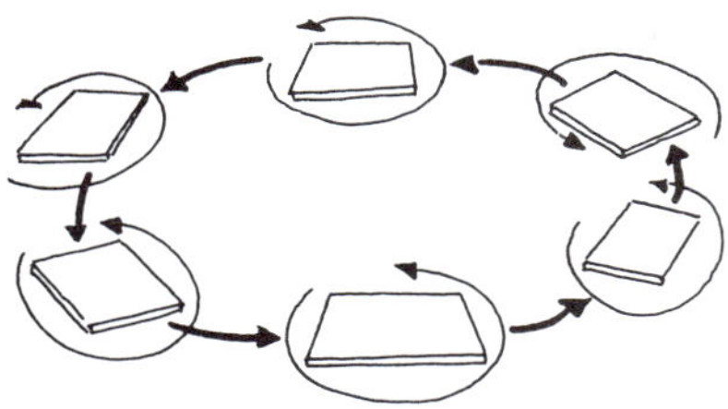

Stationäres Üben und Üben im Kreisdurchgang (der Übende wechselt, die Helfer bleiben, oder es wandert die ganze Übungsgruppe)

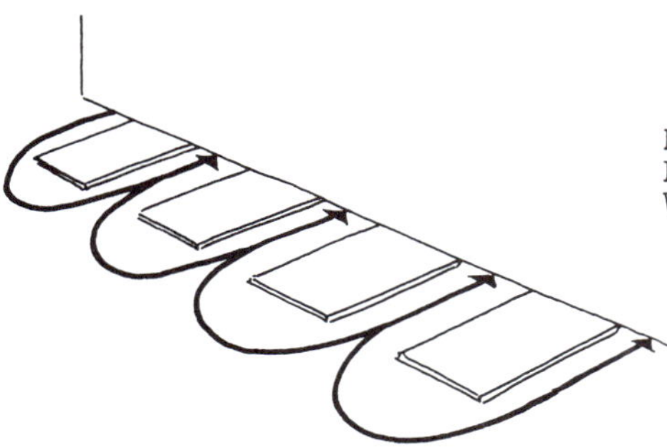

Fünf Matten als organisatorische Einheit. Stationäres Üben und Wechsel von Station zu Station

3.1.3 Rolle vorwärts

Rückenschaukel mit Aufstehen (ohne Nachstützen)

Kerze - Abrollen in den Stand (ohne Nachstützen)

Rolle vorwärts an der Schräge

mit starkem Gefälle

mit geringem Gefälle

bergauf

ROLLE VORWÄRTS

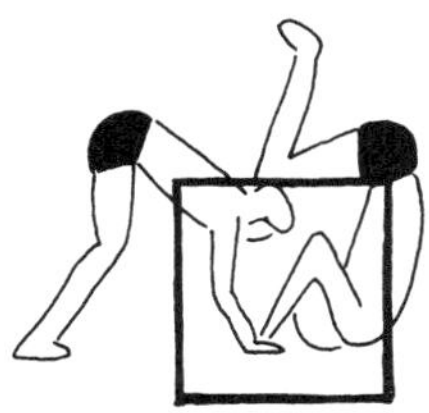

Setze die Hände auf und
senke auf den Nacken ab

▶ NACKEN AUFSETZEN ◀

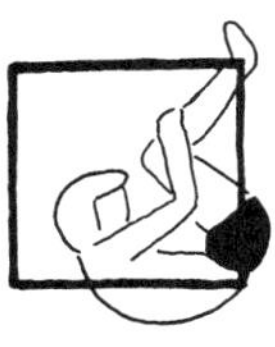

Umfasse die Knie und ziehe
den Kopf auf die Knie

▶ EINROLLEN ◀

Steh' auf, ohne die
Hände zu benutzen

▶ HÄNDE VORWEG ◀

Rolle aus der Schubkarre

über Hindernisse

<u>Organisation des Übens</u>:

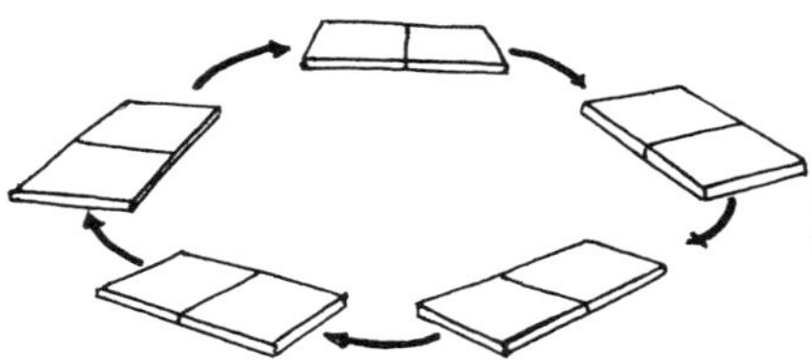

Stationäres Üben und Üben im Kreisdurchgang

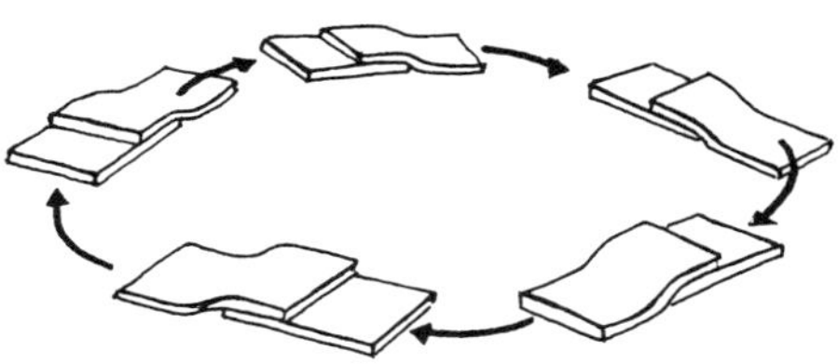

Stationäres Üben und Üben im Kreisdurchgang

Stationäres Üben, Üben in Bahnen und im Kreis

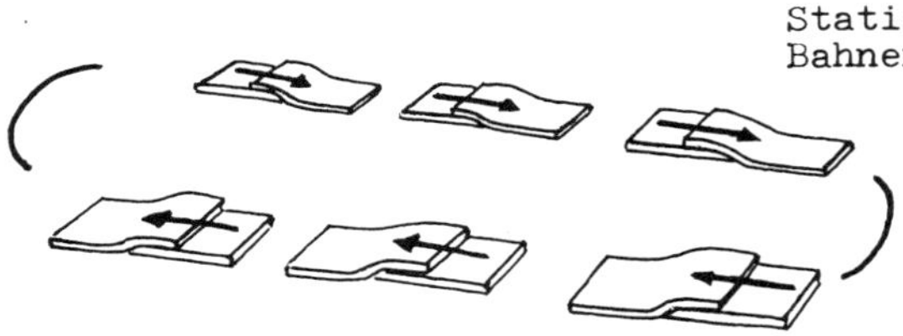

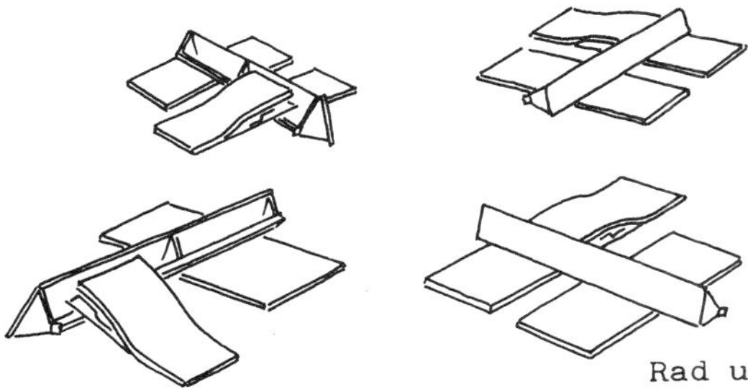

Rad und Rolle im Wechsel

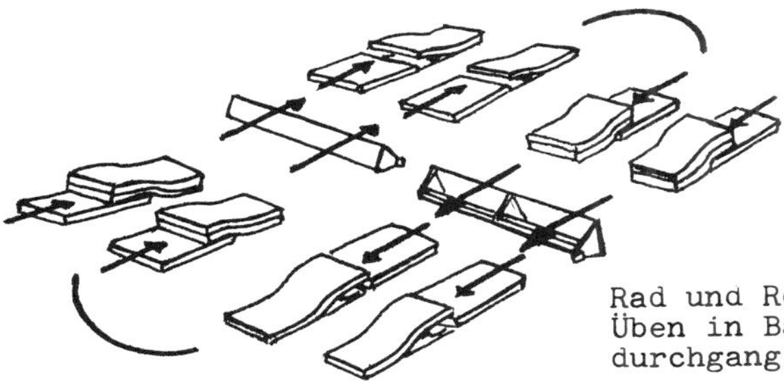

Rad und Rolle im Wechsel.
Üben in Bahnen und im Kreisdurchgang

<u>Rollen am Kastenhügel</u>

vom kleinen Kasten

über den kleinen Kasten

auf ein Kastenoberteil

auf einen mehrteiligen Kasten

über einen mehrteiligen Kasten

vom mehrteiligen Kasten

Organisation des Übens:

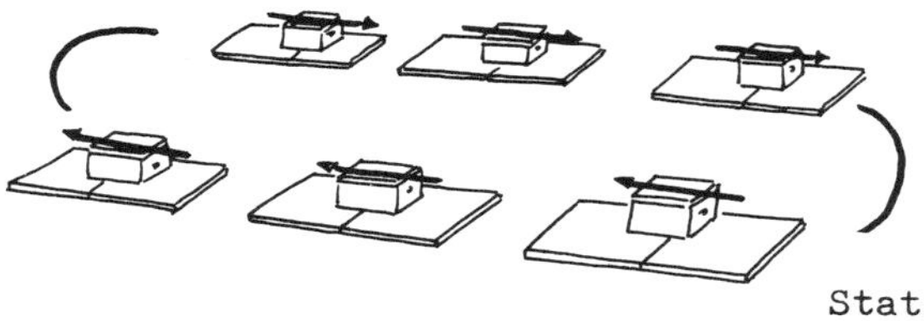

Stationäres Üben, Üben in Bahnen und im Kreis

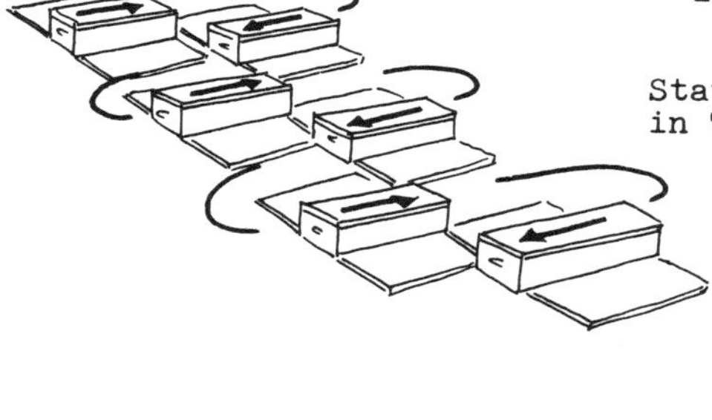

Stationäres Üben, Üben in Teilkreisen und im Strom

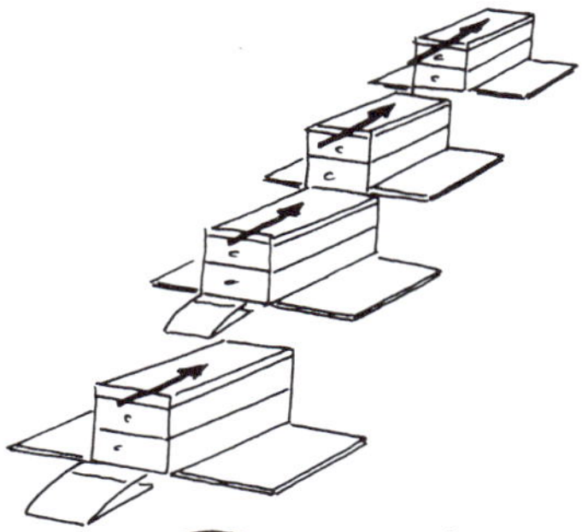

Stationäres Üben und Üben im Treppendurchgang

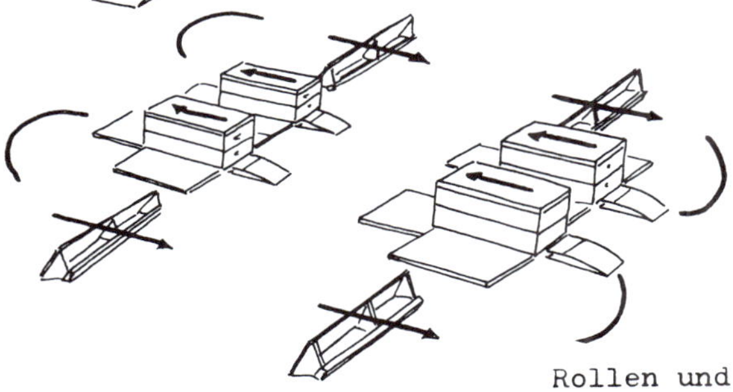

Rollen und Räder im Kreis

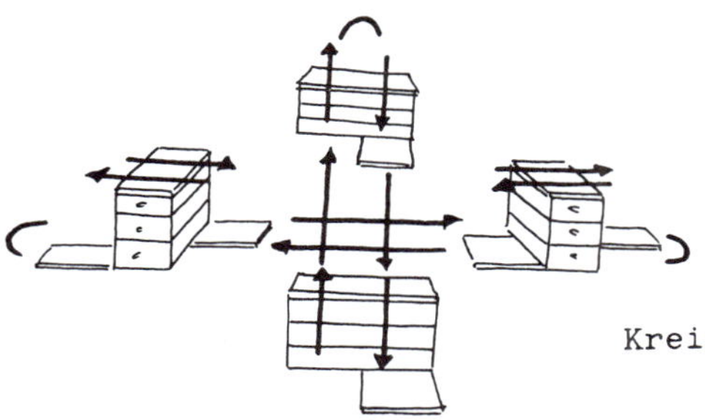

Kreisdurchgänge überkreuz

Rollen und Räder im Kreis

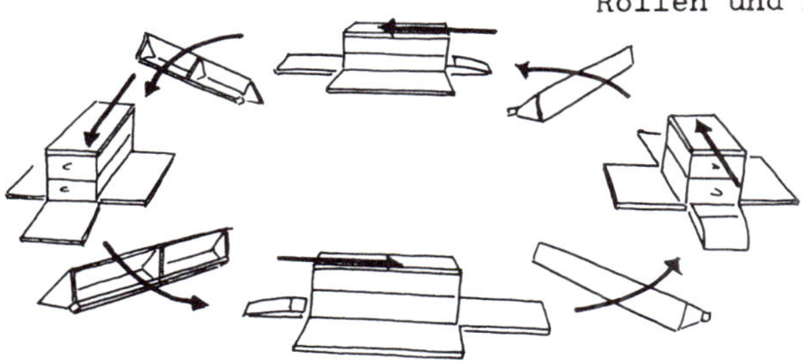

3.1.4 Rolle rückwärts

Rückenschaukel

Rolle rückwärts an der Schräge

mit zwei Helfern

mit starkem Gefälle

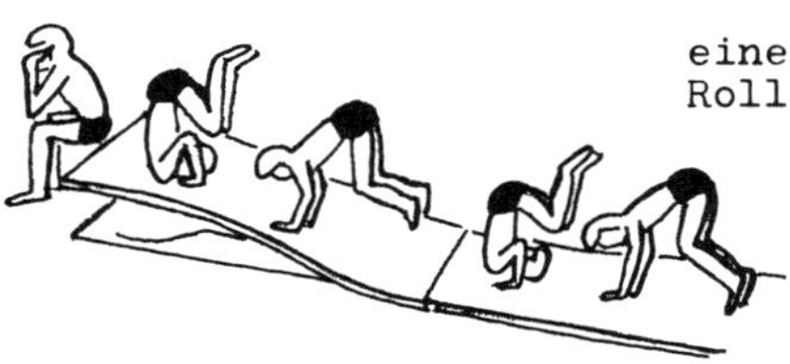

eine Rolle mit, eine Rolle ohne Gefälle

ROLLE RÜCKWÄRTS

Setze Dich hin und stütze Dich dabei mit den Händen ab

▶ HINSETZEN ◀

Setze die Hände flach neben die Ohren

▶ HANDFLÄCHEN NEBEN DIE OHREN ◀

Drücke Dich vom Boden hoch

▶ HOCHDRÜCKEN ◀

Organisation des Übens:

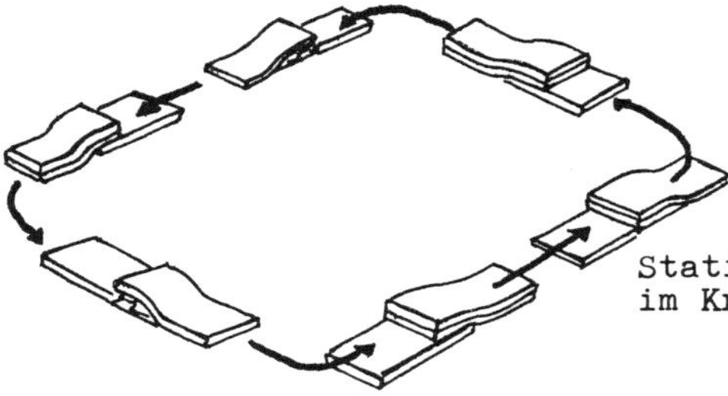

Stationäres Üben und Üben im Kreisdurchgang

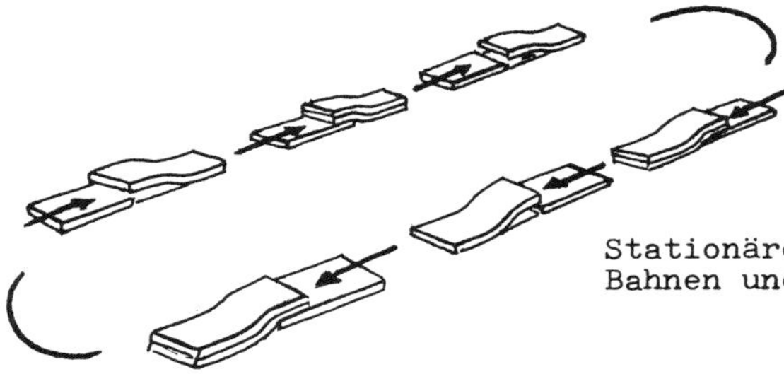

Stationäres Üben, Üben in Bahnen und im Kreis

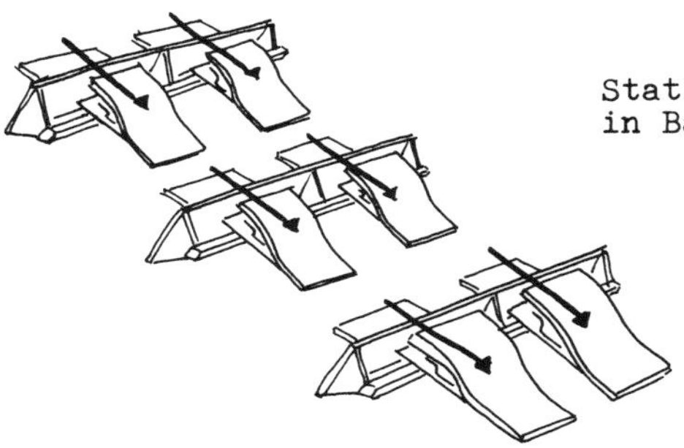

Stationäres Üben und Üben in Bahnen

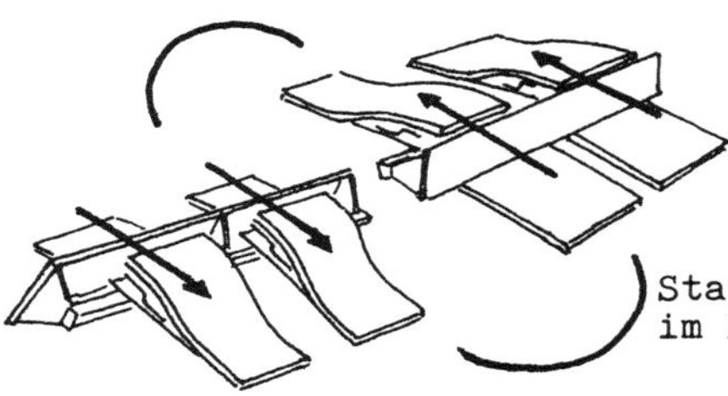

Stationäres Üben und Üben im Kreisdurchgang

3.1.5 Handstand-Abrollen

aus dem Krabbelhandstand

Hilfestellung: Zwei Helfer fassen den Übender mit Klammergriff am Oberschenkel und begleiten die Absenkbewegung.

aus dem Krabbelhandstand mit Senk- und Drehhilfe

aus dem Aufschwingen mit Senk- und Drehhilfe

auf eine Erhöhung (Senkhilfe)

HANDSTAND - ABROLLEN

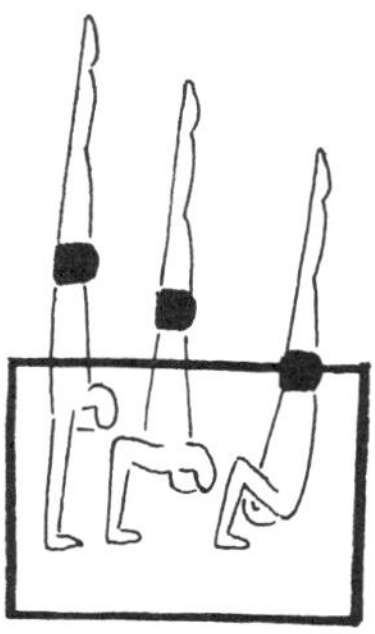

Senke langsam in die Nackenlage

▶ LANGSAM SENKEN ◀

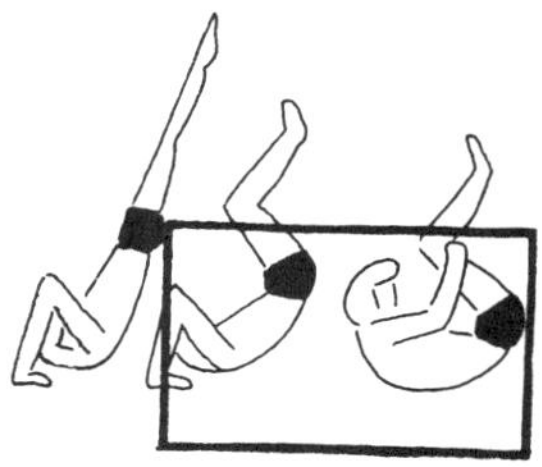

▶ ABROLLEN ◀

aus dem Aufschwingen auf der flachen Matte (zunächst mit, dann ohne Hilfe)

Organisation des Übens:

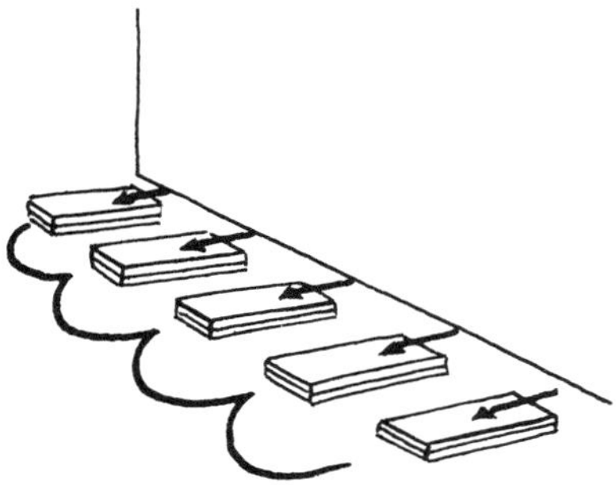

Etwa fünf Anlagen gehören zu einer Einheit. Stationäres Üben oder Wechsel von Anlage zu Anlage. Die Helfer bleiben an ihren Anlagen, oder es wandert die gesamte Übungsgruppe

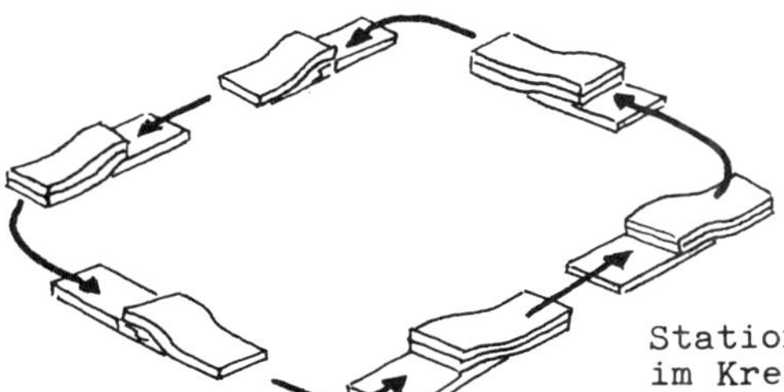

Stationäres Üben und Üben im Kreisdurchgang

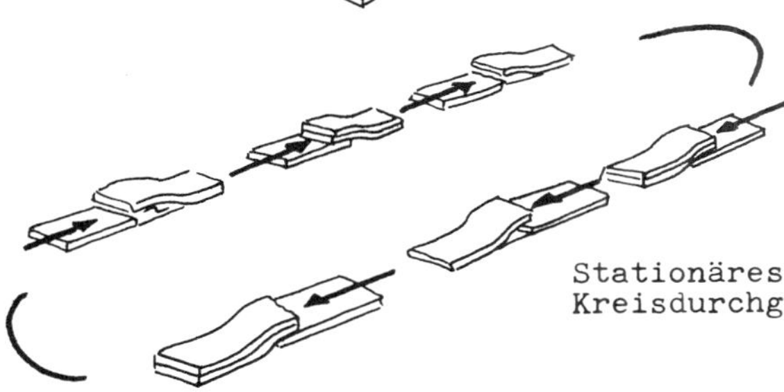

Stationäres Üben, Üben im Kreisdurchgang und in Bahnen

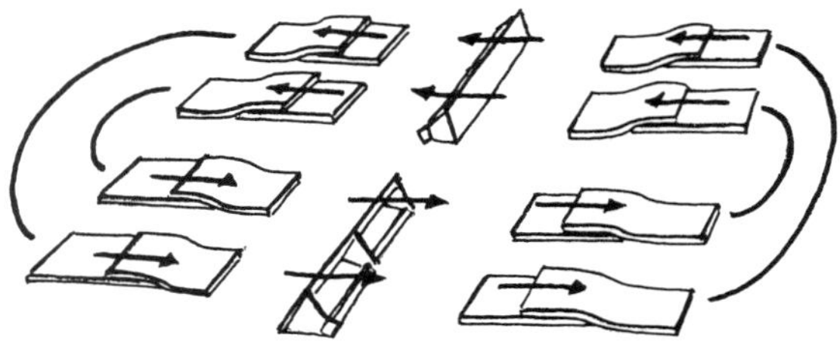

Bahnen und Kreis-
durchgang mit Zusatz-
übungen

Handstand abrollen

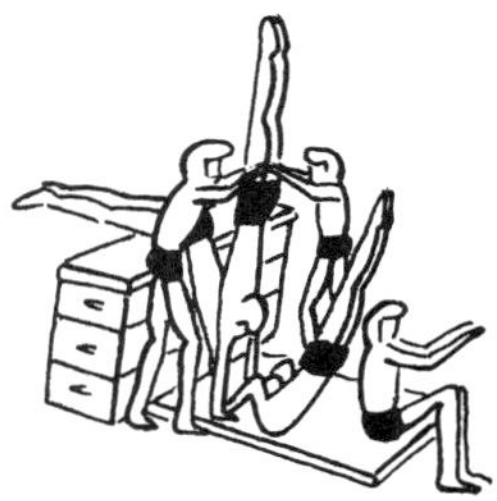

nach Aufschwingen vom Kasten

mit Aufschwung- (Kasten) und Senkhilfe (erhöhte Schräge)

nach Handstandlaufen

Organisation des Übens:

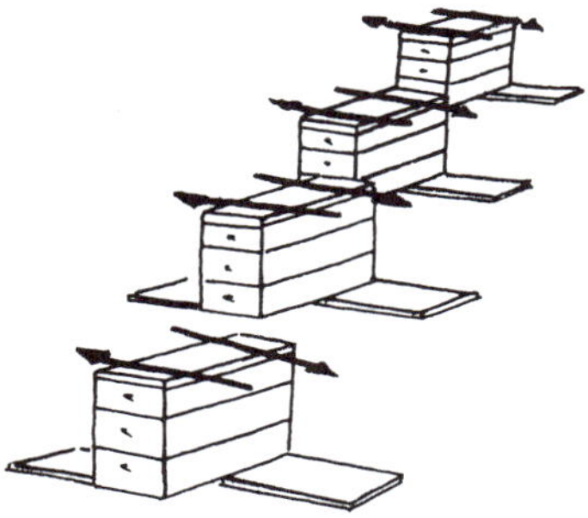

Stationäres Üben, Üben in Teilkreisen an jedem Kasten und insgesamt im Treppendurchgang

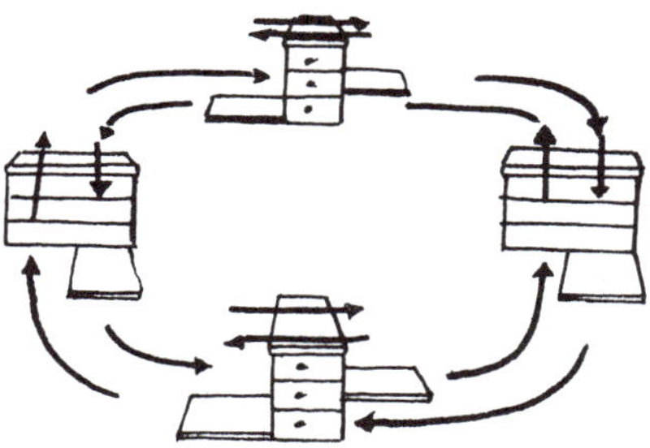

Stationäres Üben, Üben in Teilkreisen und im großen Kreis

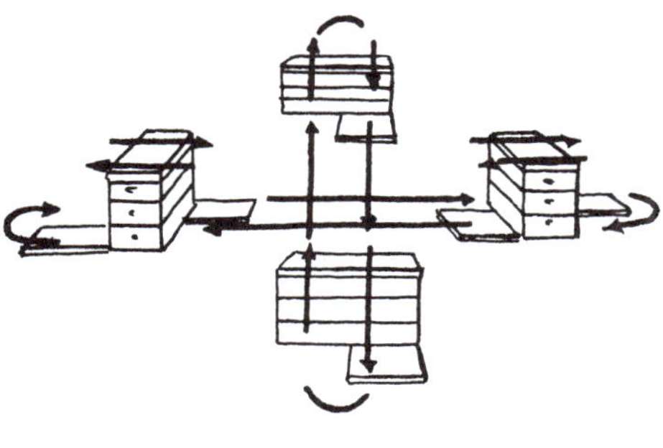

Kreisdurchgänge überkreuz

3.1.6 Flugrolle

Flugrolle nach Absprung von einer Schräge (Drehhilfe)

mit kurzer Flugphase

mit erweiterter Flugphase

von erhöhter Absprungstelle

über einen Graben

Organisation des Übens:

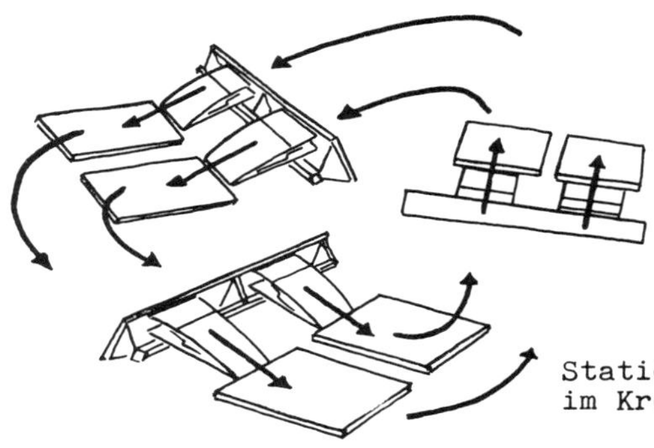

Stationäres Üben und Üben im Kreisdurchgang

FLUGROLLE

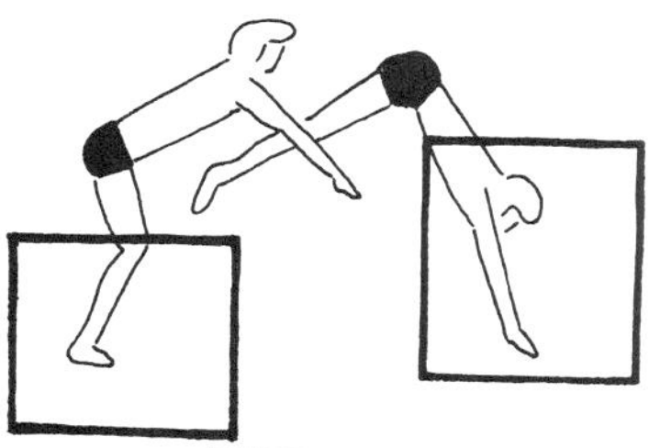

Springe beidbeinig ab und schau auf den Landepunkt

▶ LANDEPUNKT ANSCHAUEN ◀

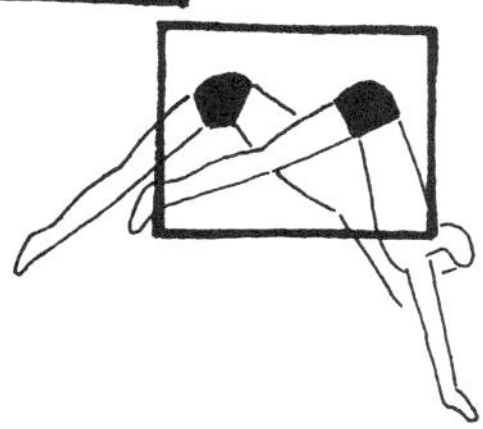

Knicke in der Hüfte ab

▶ HÜFTBEUGE ◀

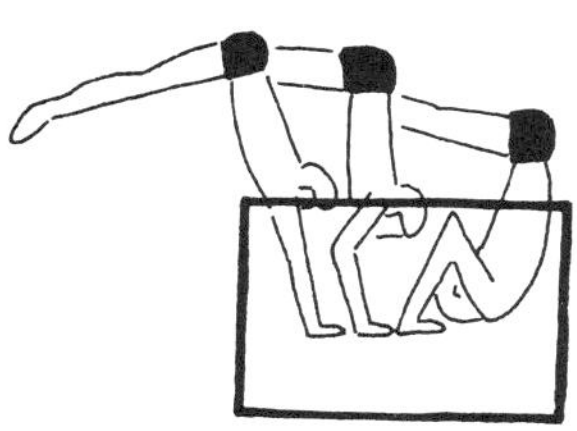

Fange den Schwung mit den Armen ab

▶ STOSSDÄMPFER ◀

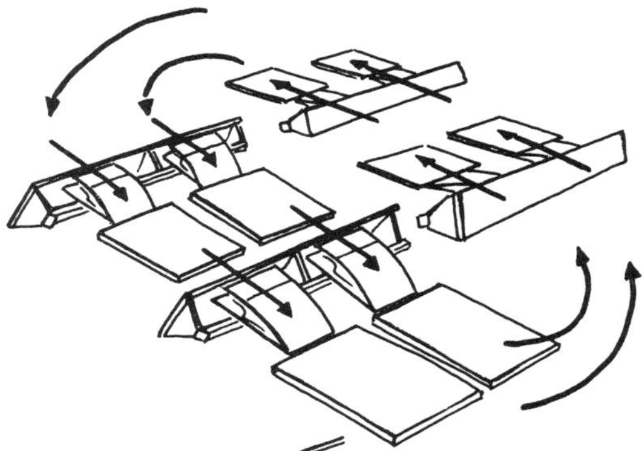

Stationäres Üben,
Üben in Bahnen und
im Kreisdurchgang

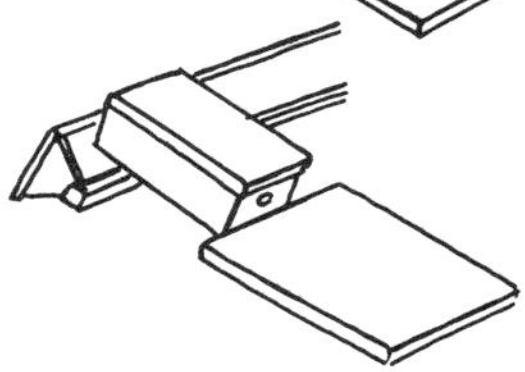

Kastendeckel statt Sprungbrett

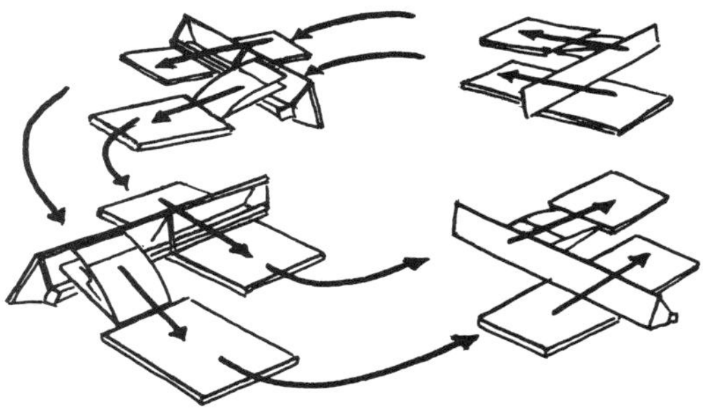

Flugrolle und
Rad im Wechsel

<u>Flugrolle über Hindernisse</u>

über einen Graben mit Drehhilfe

über einen Medizinball

über einen Medizinball

über einen Graben

über Graben und Ball

über einen Stab

Organisation des Übens:

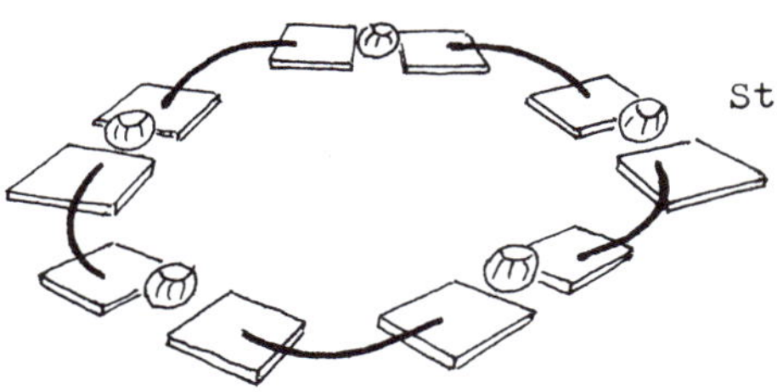

Stationäres Üben und Üben im Kreisdurchgang

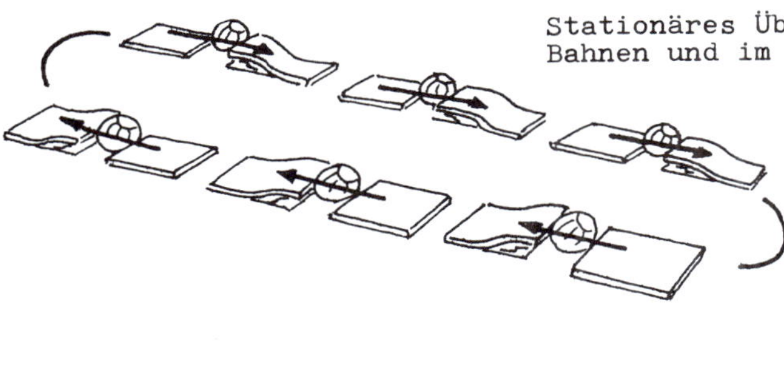

Stationäres Üben, Üben in Bahnen und im Kreisdurchgang

Flugrolle auf einen Weichboden

mit kleinem Kasten als Einsprunghilfe (ein Bein - beide Beine)

mit aufgelegter Matte (härtere Landung)

aus dem Anlauf

über einen kleinen Kasten

mit erhöhtem Einsprung

Organisation des Übens:

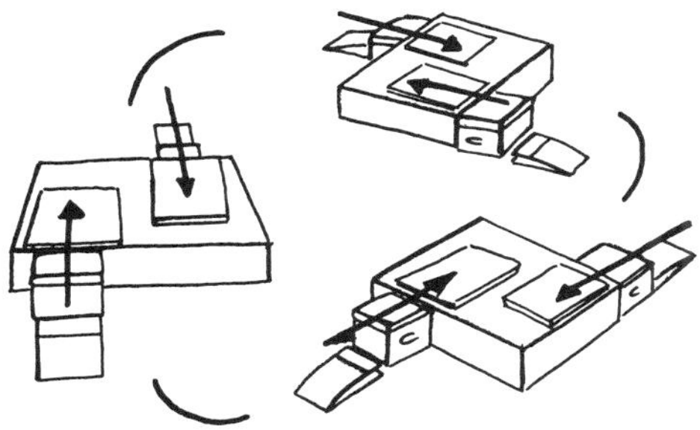

Stationäres Üben und Üben in Kreisdurchgängen gegeneinander

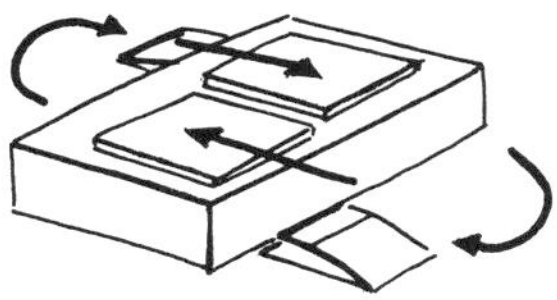

Teilkreis an einem Weichboden

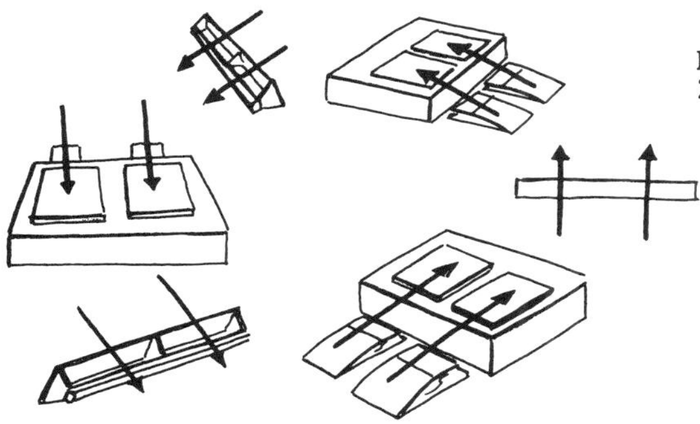

Kreisdurchgang mit Zusatzübungen

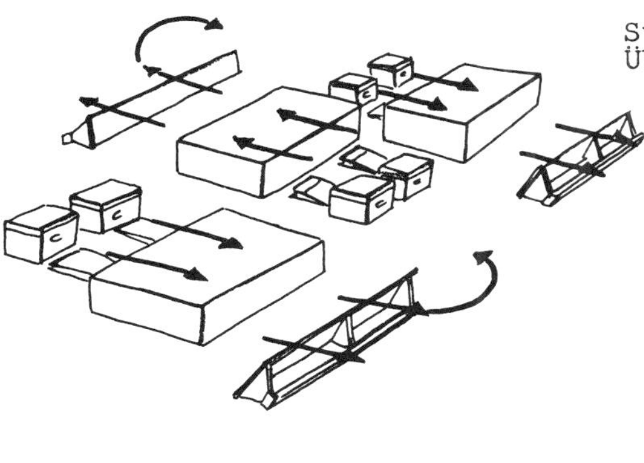

Stationäres Üben und Üben im Strom (mit Zusatzübungen)

3.1.7 Nackenüberschlag

Von einer Erhöhung

abrollen

Hilfestellung: Zwei Helfer mit Klammergriff am Oberarm

abkippen aus der Nackenlage (zwei Helfer)

abkippen aus der Nackenkipplage (zwei Helfer)

Nackenkippe von reduzierter Erhöhung

NACKENÜBERSCHLAG

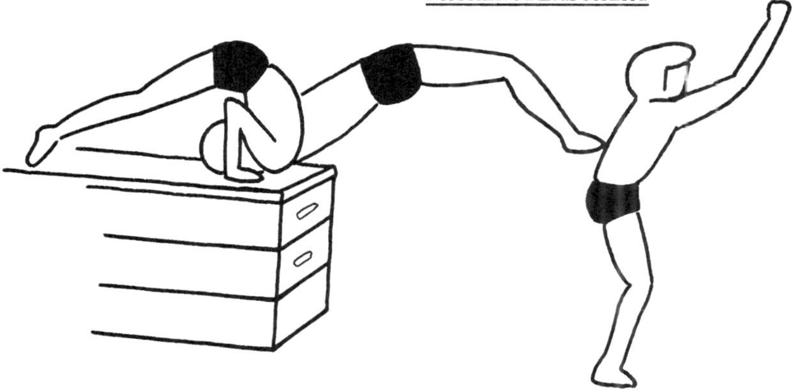

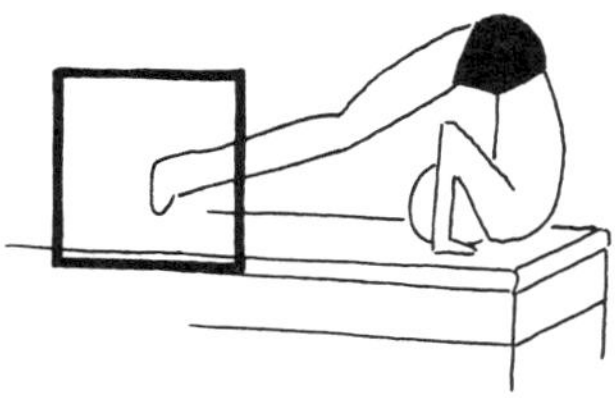

In der Nackenlage hast
Du die Füße noch auf
dem Kasten

▶ FÜSSE FEST ◀

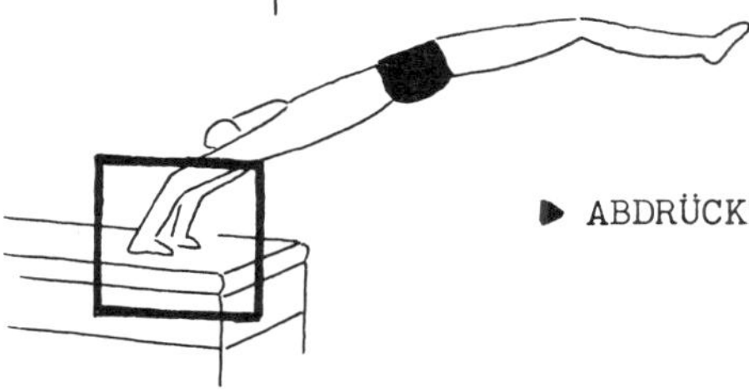

▶ ABDRÜCKEN ◀

und gleichzeitig

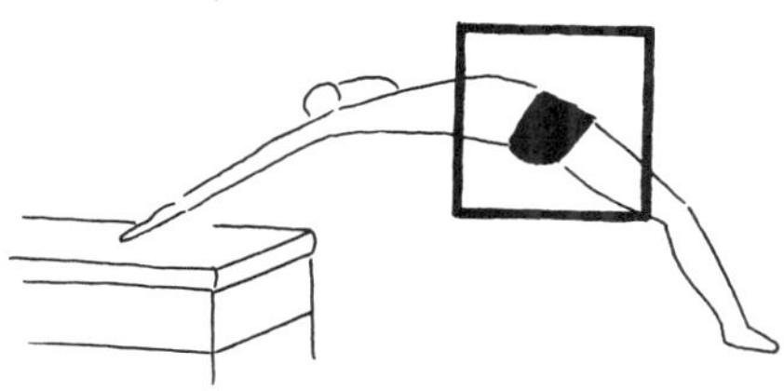

▶ STRECKEN ◀

HILFESTELLUNG:
Nackenüberschlag

In Nackenlage:
▶ KLAMMERGRIFF ◀ am
Oberarm

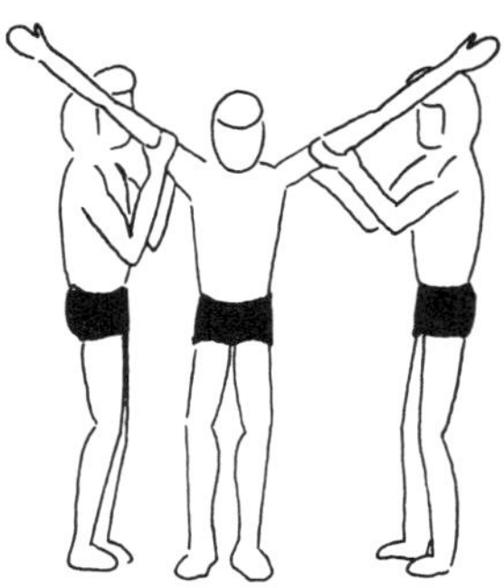

Mit ZUGHILFE sicher
in den Stand bringen
▶ FESTHALTEN ◀

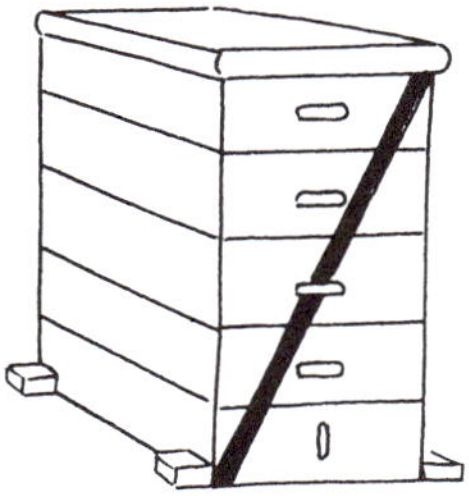

DER GROSSE KASTEN

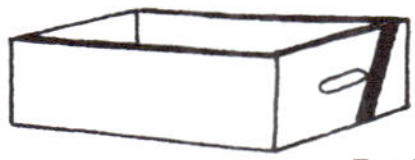

Jedes Teil hat seinen festen Platz

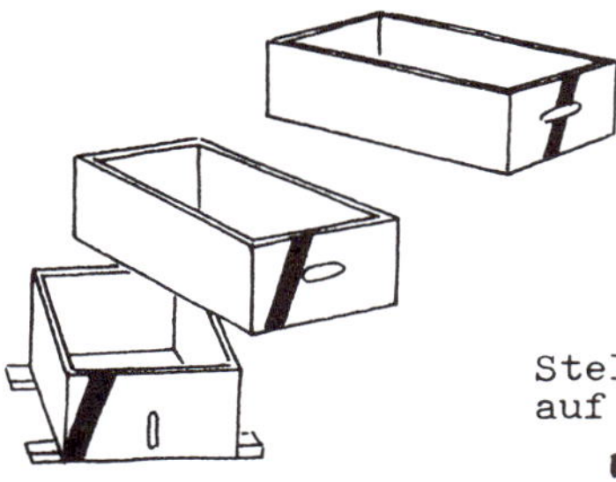

► MARKIERUNGEN BEACHTEN ◄

Stelle den Kasten zum Transport auf seine Räder

► HEBEL BEACHTEN ◄

Organisation des Übens:

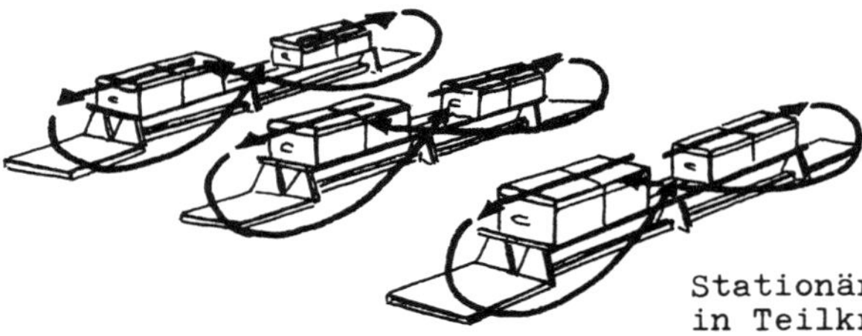

Stationäres Üben und Üben in Teilkreisen an den Bankenden

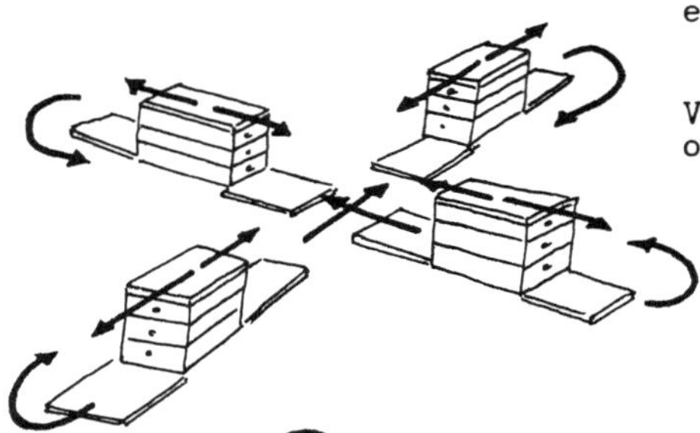

Variables Üben in Teilkreisen oder Bahnen

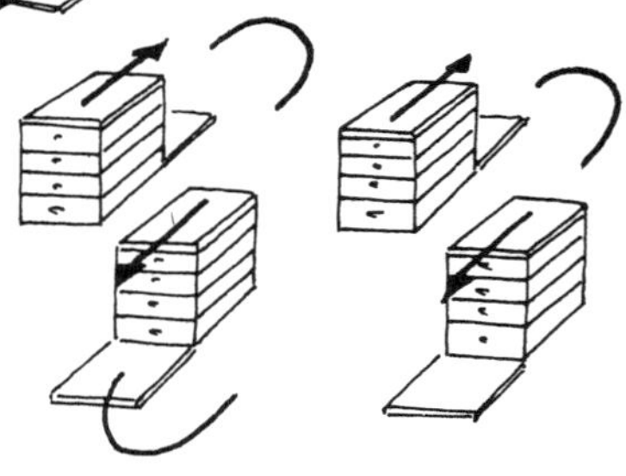

Stationäres Üben und Üben in Teilkreisen und im Strom

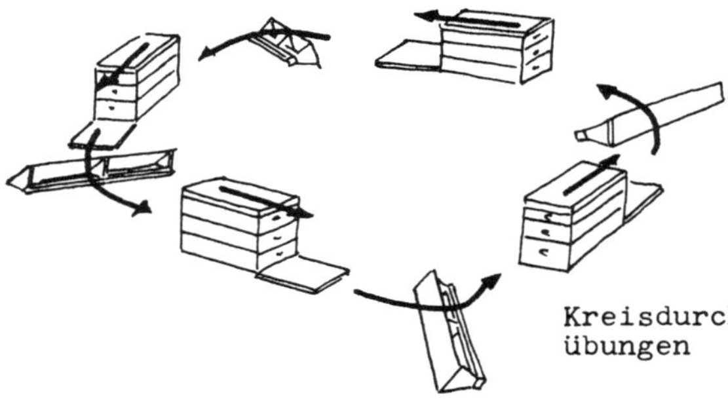

Kreisdurchgang mit Zusatzübungen

3.1.8 Salto vorwärts

Sprungrolle

(Sprunghügel aus Bänken, kleinen Kästen und Matten)

über den niedrigen Kastenhügel

Hilfestellung: Zwei Helfer fassen den Übenden mit Klammerdrehgriff am Oberarm und begleiten die Bewegung bis in den Stand

über den erhöhten Kastenhügel (Mattenlagen)

mit nur noch flüchtigem Aufstützen

frei über den Sprunghügel

SPRUNGROLLE
(SALTO)

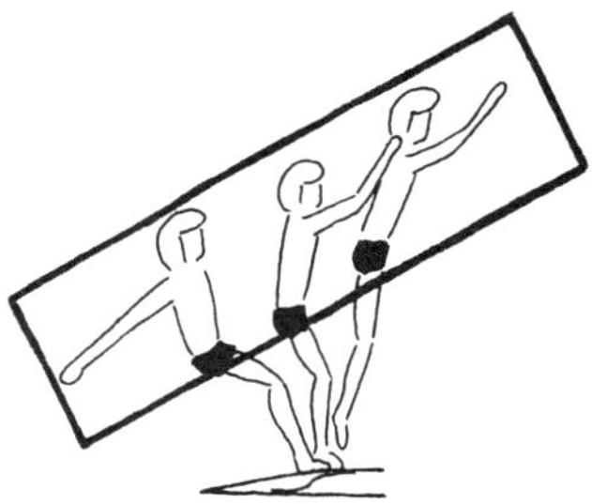

Schwinge die Arme mit dem Absprung von hinten nach vorn

▶ ARMSCHWUNG ◀

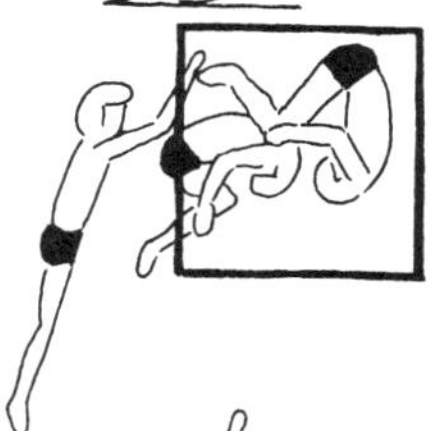

Nimm den Kopf auf die Brust, und rolle Dich ein

▶ EINROLLEN ◀

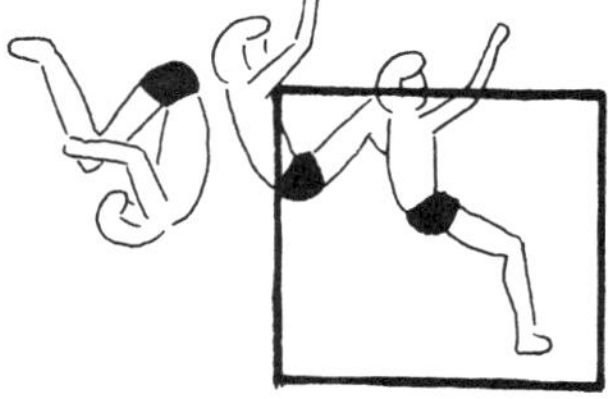

Strecke Dich zur Landung auf

▶ AUFSTRECKEN ◀

HILFESTELLUNG:
Sprungrolle (Salto)

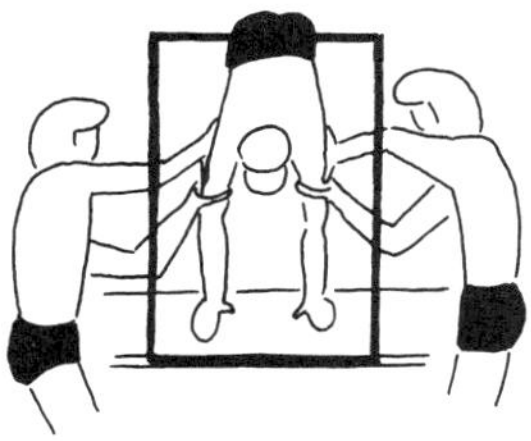

▶ KLAMMERDREHGRIFF ◀ am Oberarm

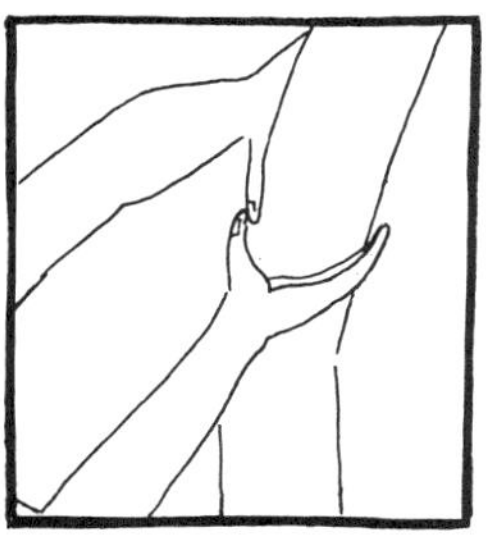

▶ KLAMMER - DREH - GRIFF ◀

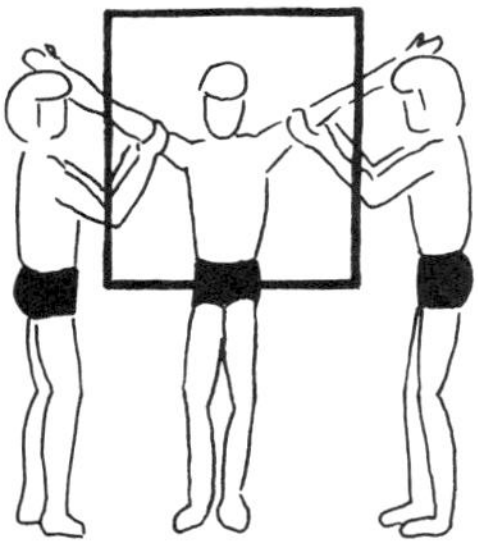

Sicher in den Stand bringen

▶ FESTHALTEN ◀

Sprungrolle

(Sprunghügel aus Kästen mit aufgelegter Matte)

über den niedrigen und breiten Kastenhügel

Hilfestellung: Zwei Helfer fassen den Übenden mit Klammerdrehgriff am Oberarm und begleiten die Bewegung bis in den Stand

über den erhöhten, breiten Kastenhügel

über den hohen, schmalen Kastenhügel mit nur flüchtigem Aufstützen der Hände

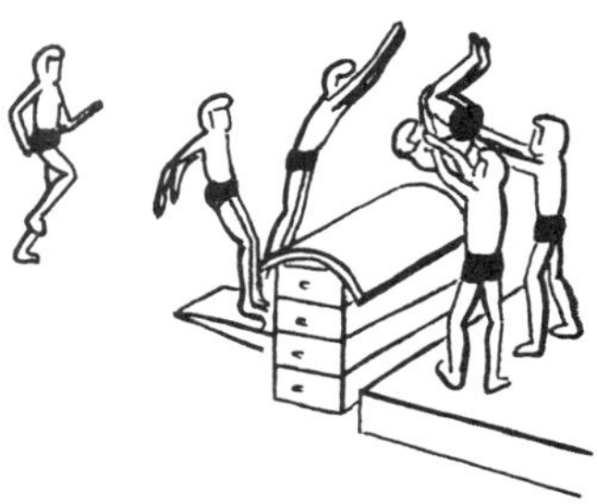

frei über den Kastenhügel

Sprungrolle

(Sprunghügel aus Kästen und eingehängten Bänken)

über den niedrigen, breiten Sprunghügel (4 Bänke)

Hilfestellung: Zwei Helfer fassen den Übenden mit Klammerdrehgriff am Oberarm und begleiten die Bewegung bis in den Stand

über den hohen, schmalen Sprunghügel (3 Bänke)

mit nur flüchtigem Aufstützen

Sprungrolle

(Sprunghügel aus Kästen, eingehängten Bänken und aufgelegtem Weichboden)

auf den niedrigen Sprunghügel

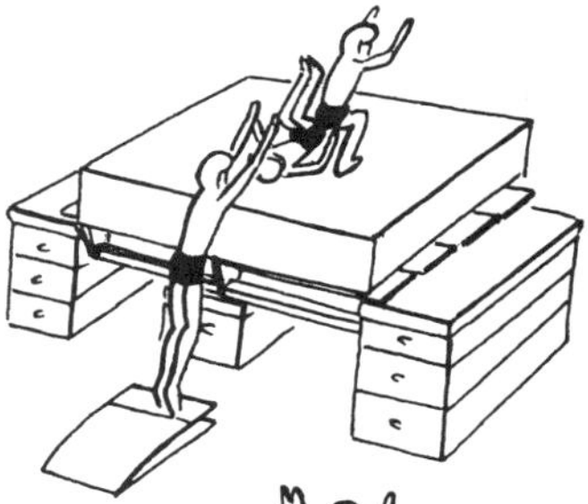

auf den erhöhten Sprunghügel

frei in den Stand auf dem niedrigen Sprunghügel

Organisation des Übens:

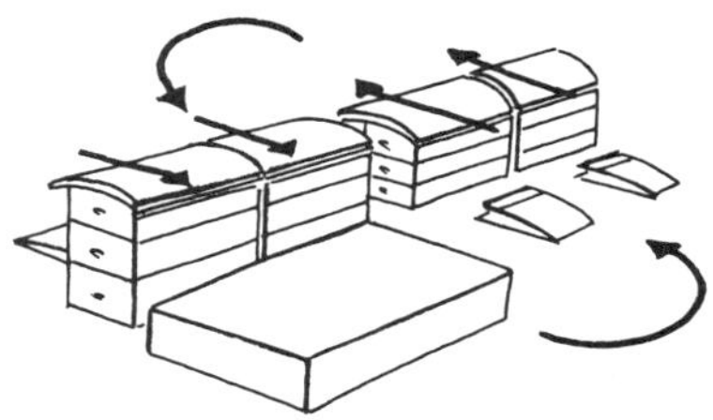

Stationäres Üben und Üben in Kreisen

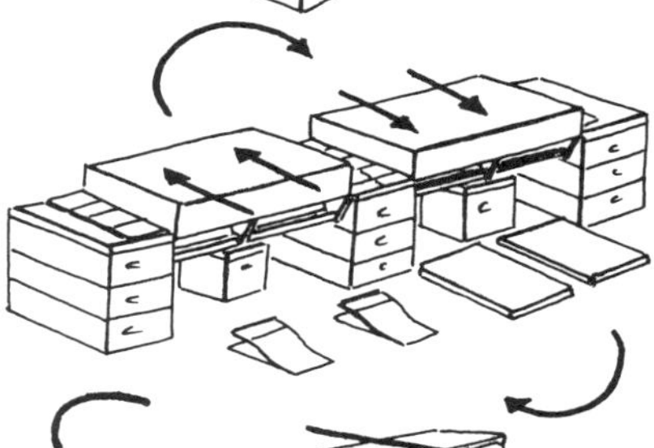

Stationäres Üben und Üben im Kreisdruchgang

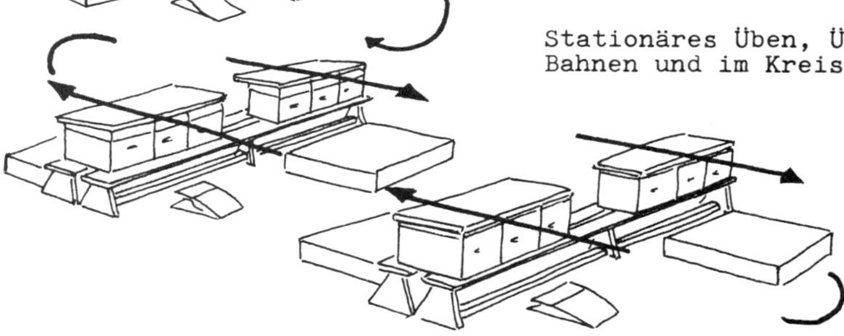

Stationäres Üben, Üben in Bahnen und im Kreisdurchgang

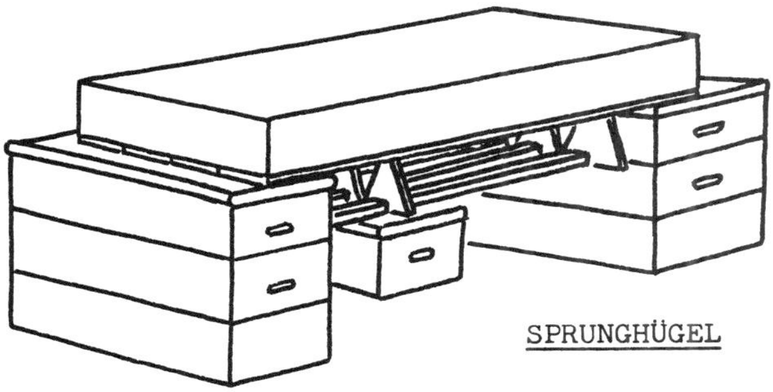
SPRUNGHÜGEL

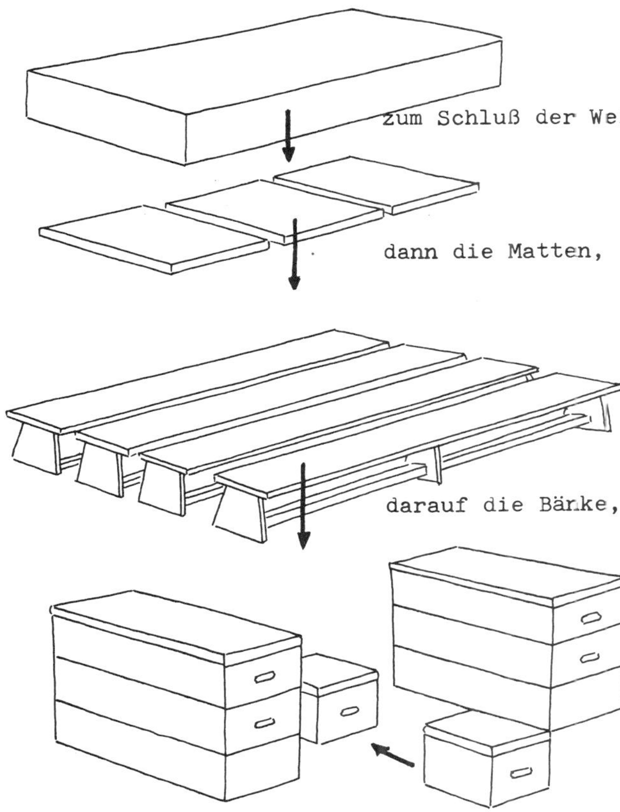
zum Schluß der Weichboden
dann die Matten,
darauf die Bänke,
erst die Kästen,

3.2 Stützsprünge

3.2.1 Sprunggewöhnung an verschienen Kastenaufbauten

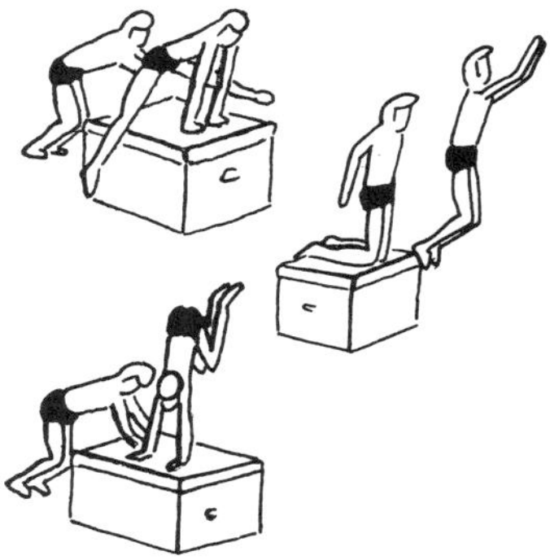

über einen kleinen Kasten

von zwei kleinen Kästen

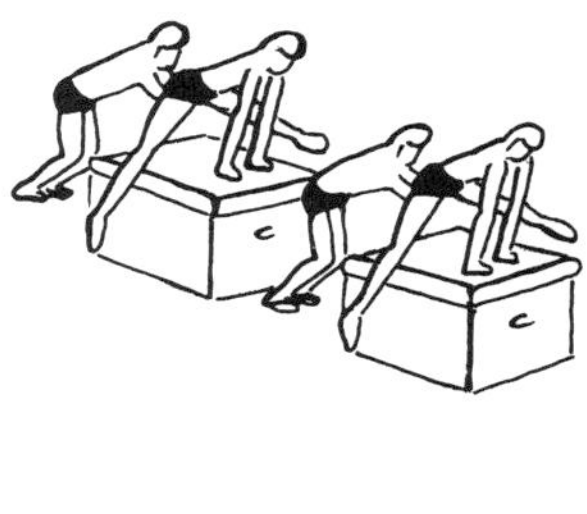

über mehrere kleine Kästen
in direkter Folge

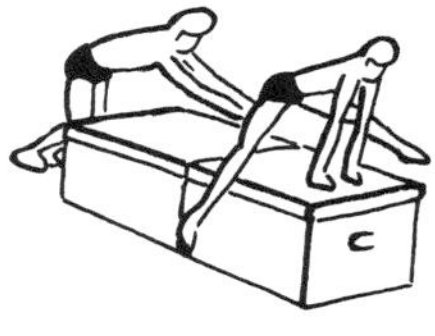

über zwei kleine Kästen

Sprünge an Aufbauten mit Bänken und kleinen Kästen

Aufhocken - Strecksprung

Aufknien - Absprung

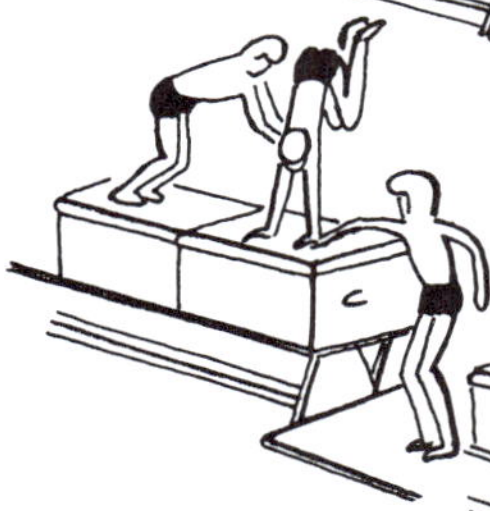

Abgänge vom Bankende

Hockwende

Grätsche

Hilfestellung: Halber Klammergriff an den Oberarmen

mit Absprung von der Bank

über den kleinen Kasten

über den Doppelkasten

mit Absprung von der Bank

Hilfestellung (Hocke): Zwei Helfer mit Klammergriff am Oberarm

mit Einsprung von der Bank

aus kurzem Anlauf mit Absprung vom Sprungbrett

an der erhöhten Bank

Aufhocken und Aufknien

über die erhöhte Bank

über den Sprunghügel

Organisation des Übens:

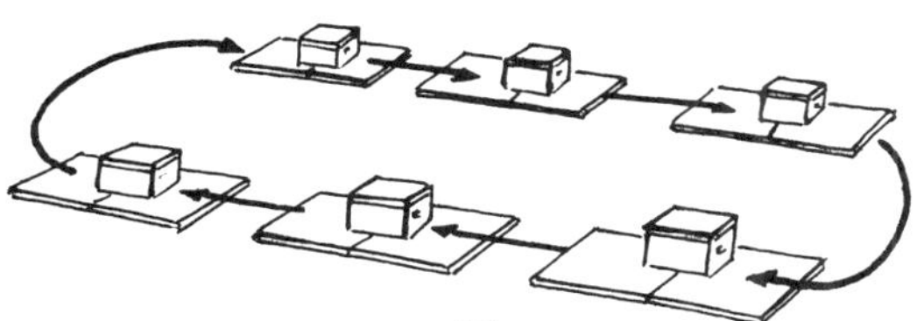

Stationäres Üben, Üben in Bahnen und im Kreis

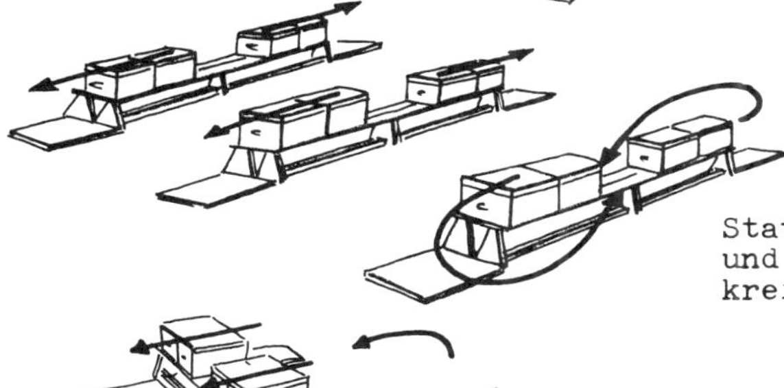

Stationäres Üben und Üben in Teilkreisen

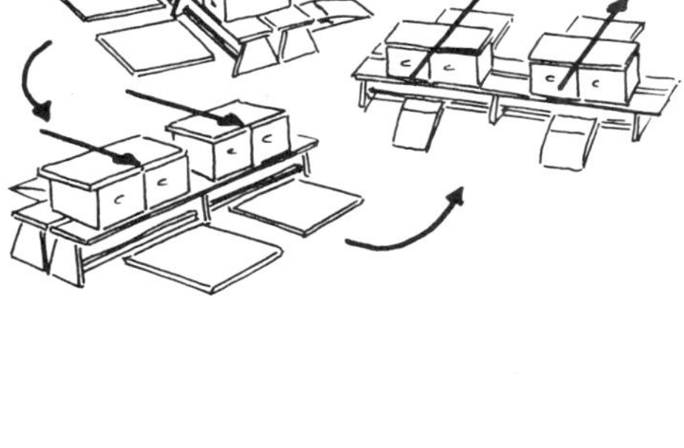

Stationäres Üben und Üben im Kreisdurchgang

Üben in Bahnen und im Kreisdurchgang

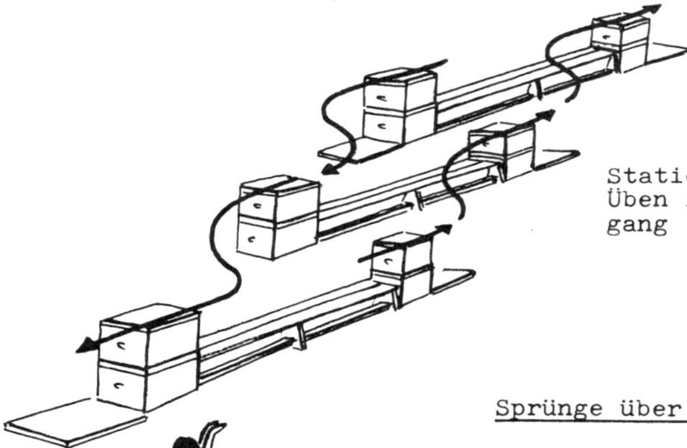

Stationäres Üben und Üben im Treppendurchgang

<u>Sprünge über den Doppelkasten</u>

aus dem Stand von einem Kasten

mit Einsprung in ein Sprungbrett (ein Bein - beide Beine)

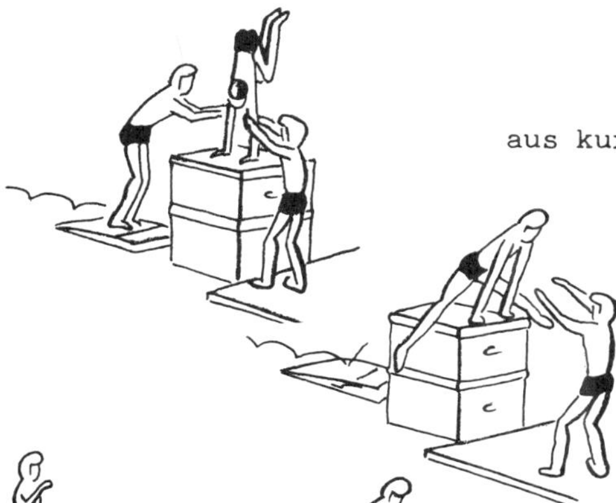

aus kurzem Anlauf

mit vorgestelltem Kasten

Sprünge an der Kastenpyramide

mit Einsprung in ein Sprungbrett

aus dem kurzen Anlauf

SPRUNGPYRAMIDEN

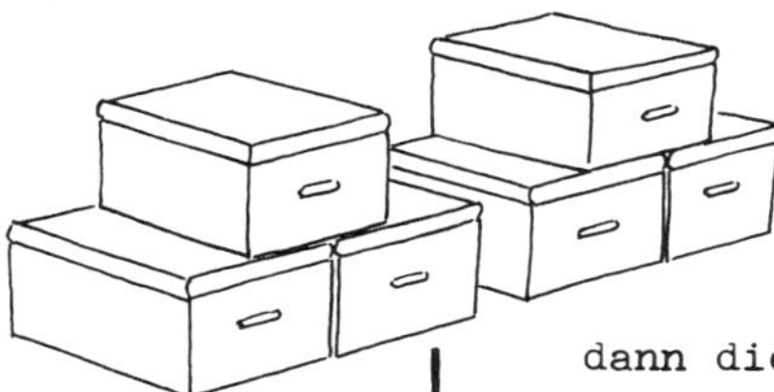

dann die Kastenpyramiden

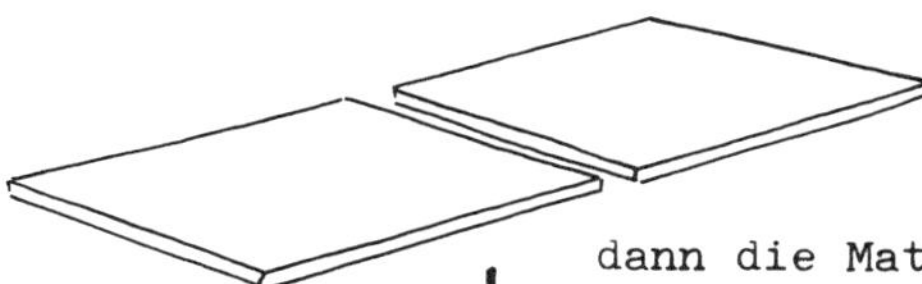

dann die Matten,

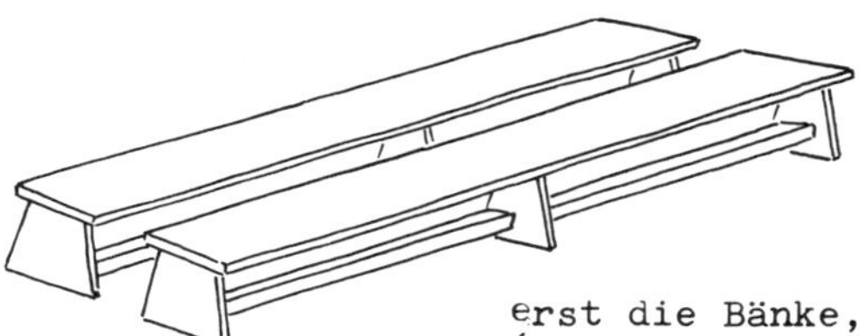

erst die Bänke,
(etwas auseinander)

über die erhöhte Pyramide

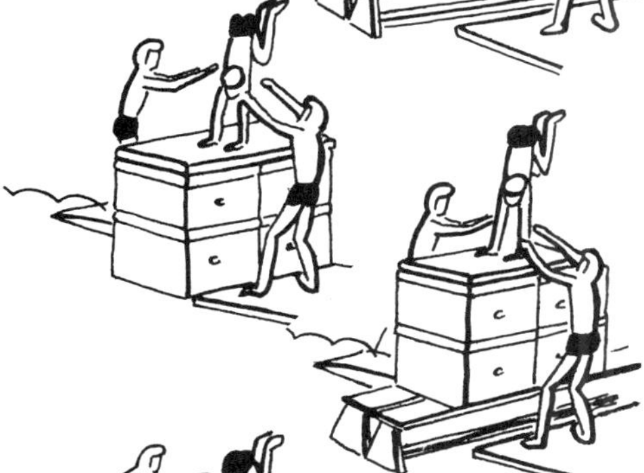

Hockwende über den Kastenhügel

Sprünge am Aufbau mit großen und kleinen Kästen

mit Absprung vom kleinen Kasten

mit Einsprung in ein Sprungbrett

aus dem kurzen Anlauf

mit vorgestelltem Kasten

<u>Organisation des Übens:</u>

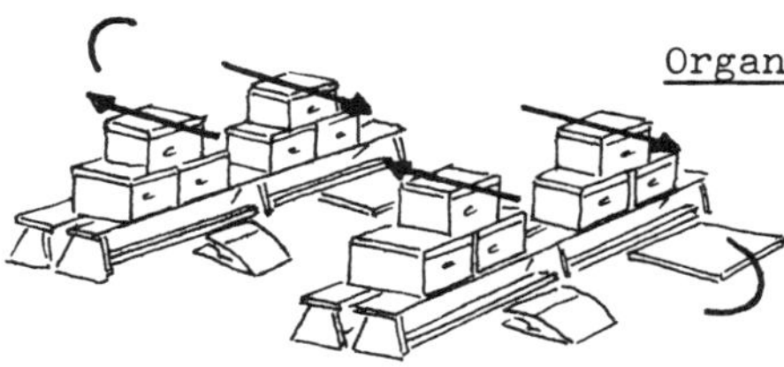

Üben in Bahnen
und im Kreis

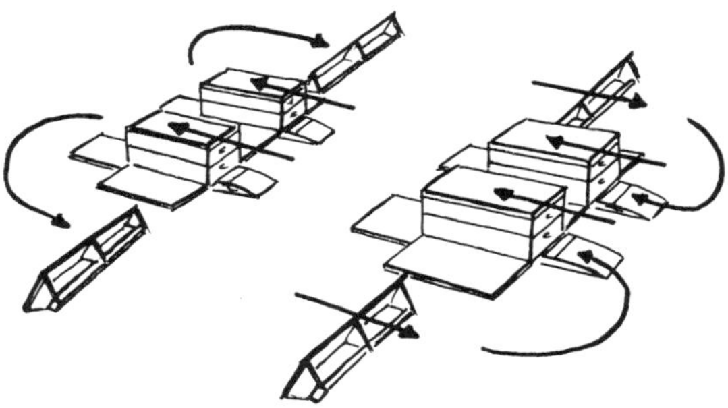

Üben in Bahnen
mit Zusatz-
übungen

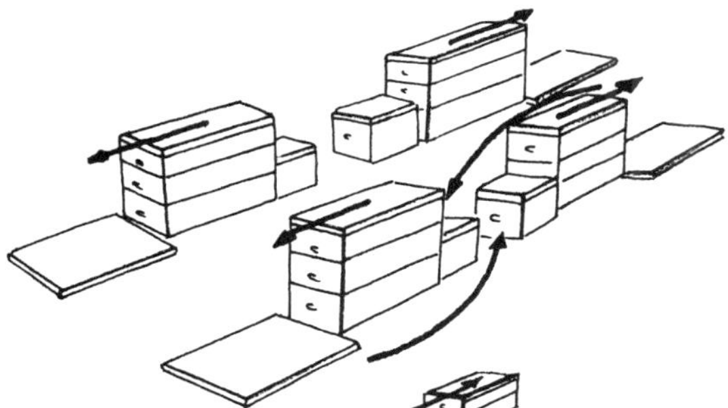

Stationäres Üben und Üben in Teilkreisen

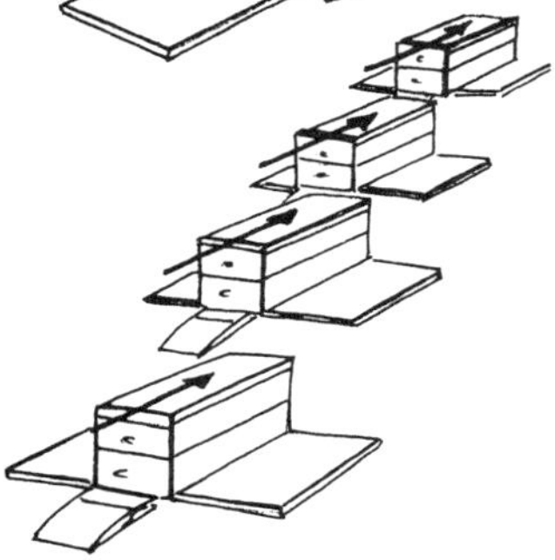

Stationäres Üben und Üben im Treppendurchgang

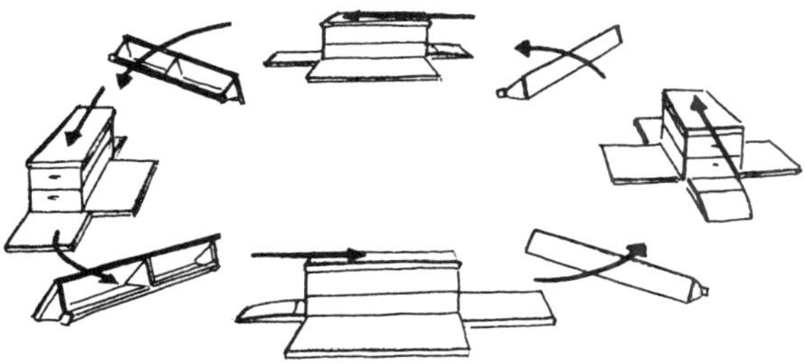

Kreisdurchgang mit Zusatzübungen

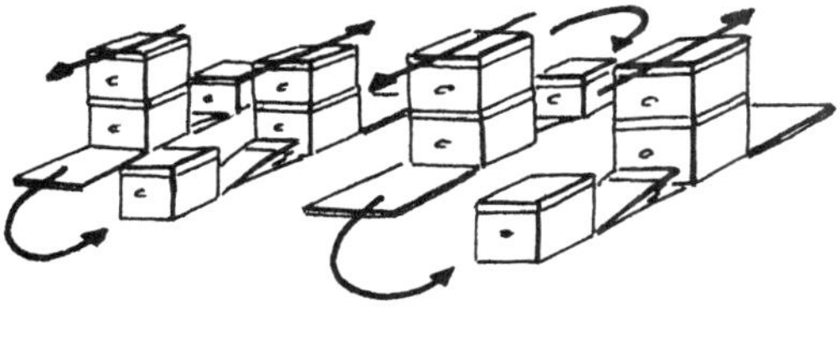

Stationäres Üben, Üben in Teilkreisen und im Strom

3.2.2 Grätsche über den Bock

Hilfestellung: Ein Helfer mit halbem Klammergriff an den Oberarmen

mit Absprung vom kleinen Kasten

mit Einsprung in ein Sprungbrett (ein Bein - beide Beine)

aus kurzem Anlauf

mit vorgestelltem kleinen Kasten

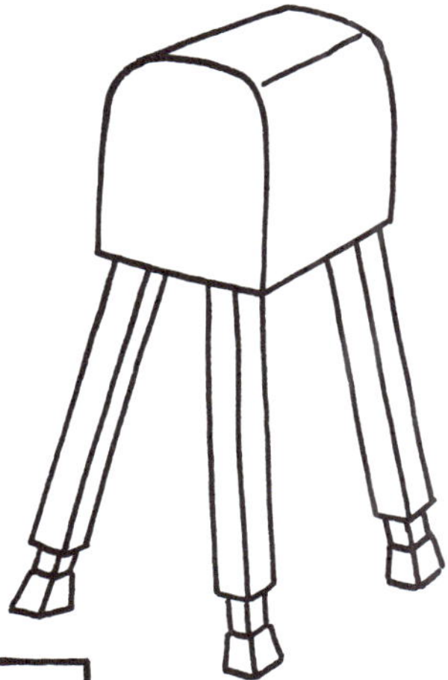

BOCK

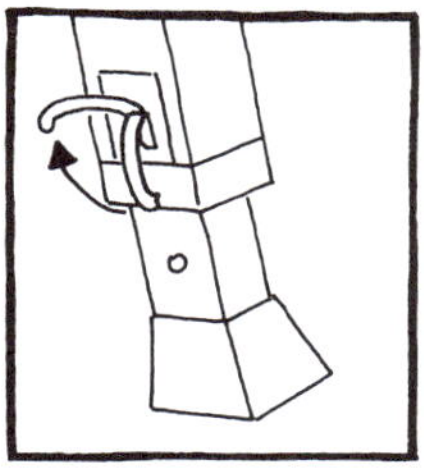

Mit diesem Hebel veränderst
Du die Höheneinstellung

▶ HÖHE ◀

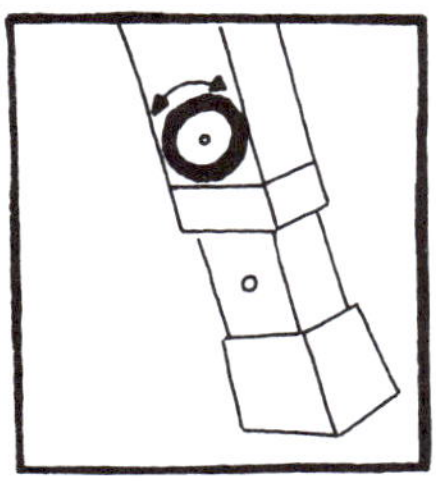

Mit diesem Rad machst Du
den Bock "standfest"

▶ STANDFEST ◀

Zum Transport kippst Du
den Bock auf seine Rollen

▶ ROLLEN ◀

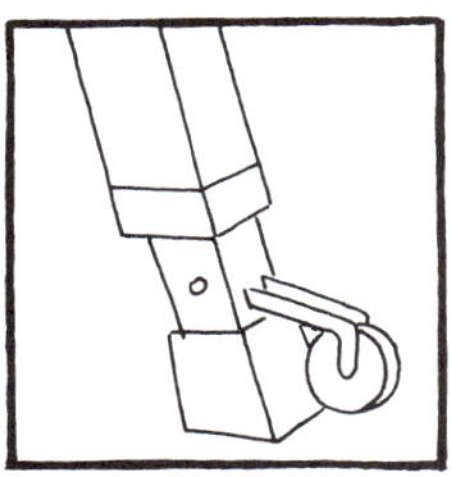

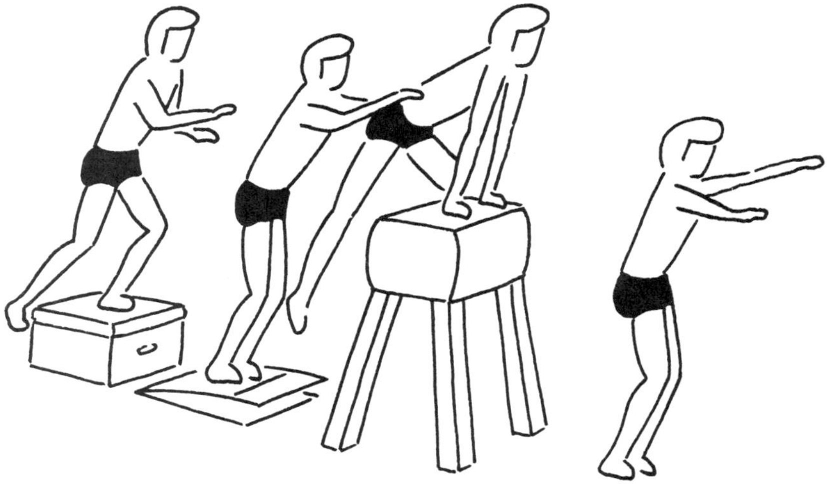

GRÄTSCHE ÜBER DEN BOCK

Springe vom kleinen Kasten mit beiden Beinen ins Sprungbrett

▶ EIN BEIN - BEIDE BEINE ◀

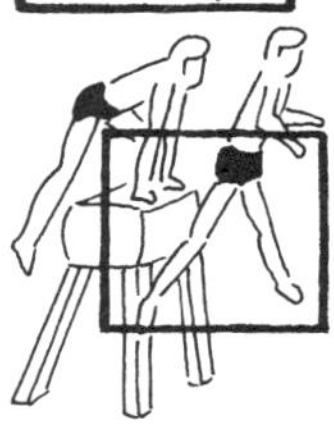

Drücke Dich mit den Händen kräftig ab

▶ ABDRÜCKEN ◀

Lande mit geschlossenen Beinen

▶ BEINE SCHLIESSEN ◀

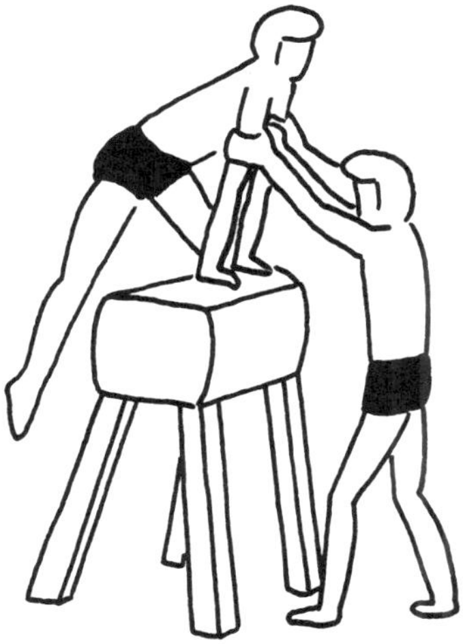

HILFESTELLUNG:
Grätsche

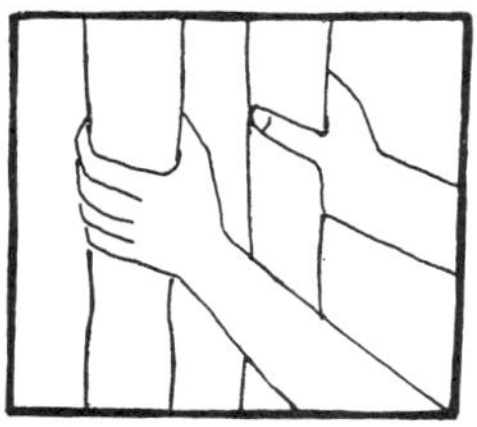

► HALBER KLAMMERGRIFF ◄
an den Oberarmen

Dem Übenden in Schrittstellung entgegengehen

► RAN ◄

Den Übenden mit Schritt rückwärts in den Stand bringen

► ABSTELLEN ◄

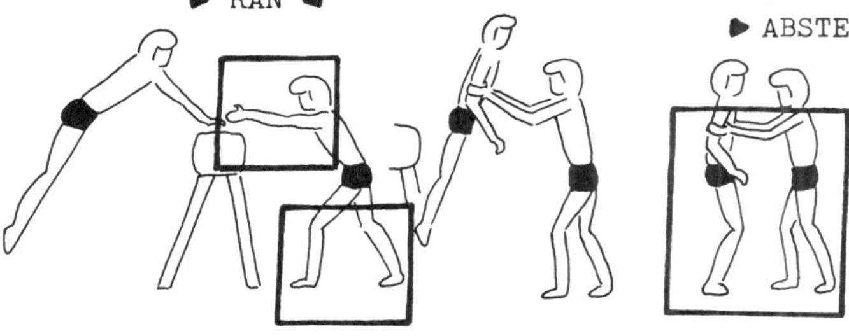

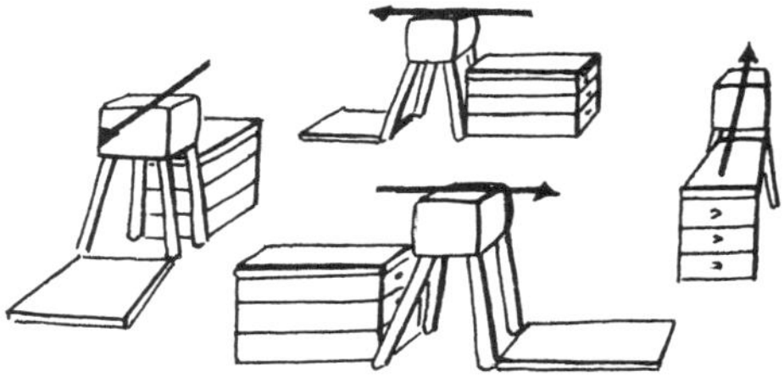

Organisation des Übens:

Stationäres Üben und Üben im Kreisdurchgang

Stationäres Üben, Üben in Teilkreisen und im Strom

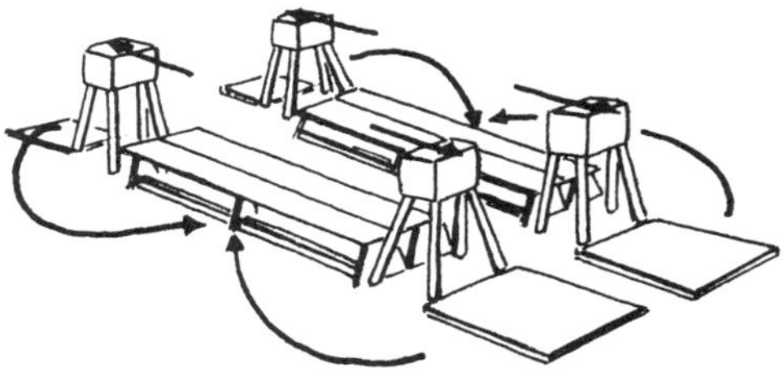

Stationäres Üben und Üben in Teilkreisen

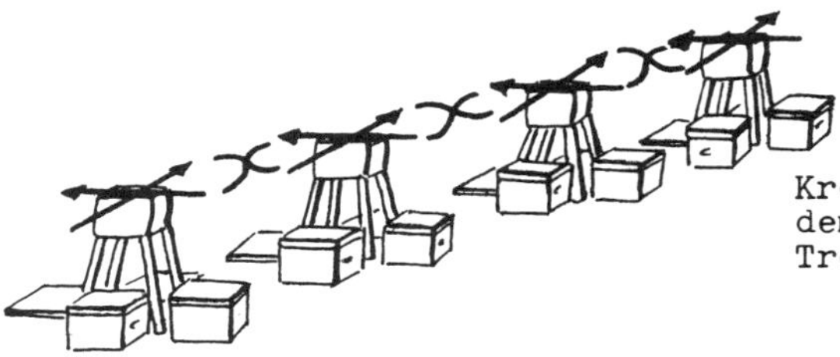

Kreisdurchgang an jedem Bock und doppelter Treppendurchgang

Üben in Bahnen und im Strom

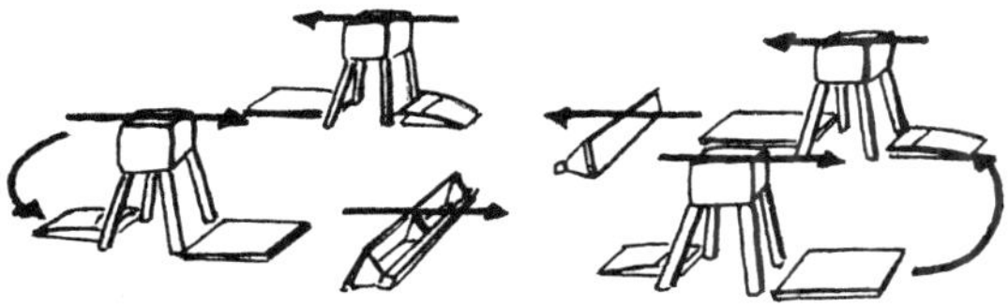

Bahnen und Kreisdurchgang mit Zusatzübungen

Üben in Bahnen und im Kreisdurchgang

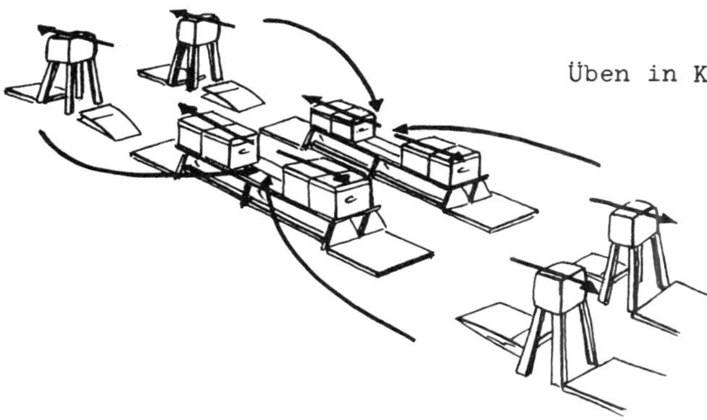

Üben in Kreisdurchgängen

Kreisdurchgänge "überkreuz"

3.2.3 Hockwende am Querkasten

Hilfestellung: Ein Helfer mit Klammergriff am Oberarm

mit Absprung vom kleinen Kasten

mit Einsprung vom kleinen Kasten

aus kurzem Anlauf

mit vorgestelltem Kasten

über den Doppelkasten

3.2.4 Hocke über den Querkasten

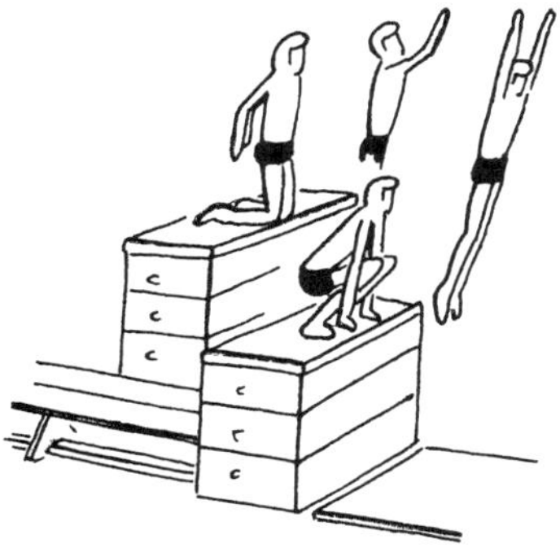

Sprunggewöhnung

<u>Hilfestellung</u>: Zwei Helfer mit Klammergriff am Oberarm

mit Absprung von einer Bank

mit Einsprung in ein Sprungbrett

(jede neue Form beginnt mit einer Sprunggewöhnung)

aus kurzem Anlauf

HOCKE ÜBER DEN KASTEN

Springe mit beiden Beinen ins Sprungbrett

► EIN BEIN - BEIDE BEINE ◄

Schwinge beim Absprung beide Arme von hinten nach vorn

► ARMSCHWUNG ◄

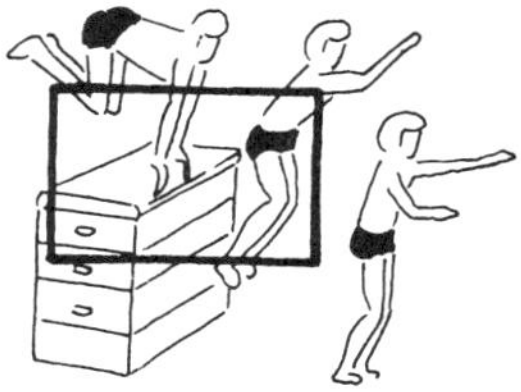

Drücke Dich mit den Händen kräftig ab

► ABDRÜCKEN ◄

HILFESTELLUNG:
Hocke

▶ KLAMMERGRIFF ◀ am Oberarm

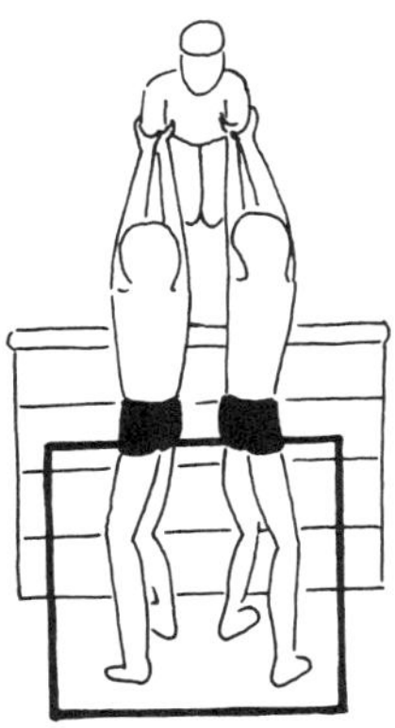

▶ INNENBEIN ◀ und ▶ INNEN-SCHULTER VOR ◀

3.2.5 Hocke über den Längskasten

Hocke über den Querkasten

Hilfestellung: Zwei Helfer mit Klammergriff am Oberarm

mit einem vorgestellten kleinen Kasten (quer und längs)

mit zwei vorgestellten kleinen Kästen

mit drei vorgestellten kleinen Kästen

mit vier vorgestellten kleinen Kästen (quer und längs)

Hocke über den Längskasten

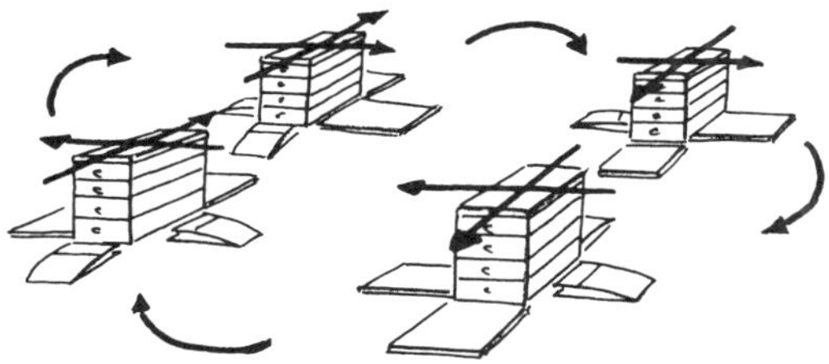

Organisation des Übens:

a) Der Übende wandert, die Hilfestellung bleibt fest

b) Es wandert die gesamte übende Einheit (Übende und Hilfestellung)

Bahnen und Kreisdurchgänge "überkreuz"

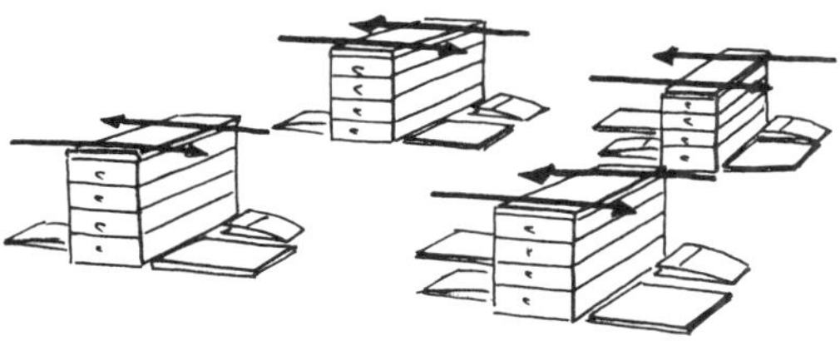

Üben in Bahnen und in Kreisdurchgängen

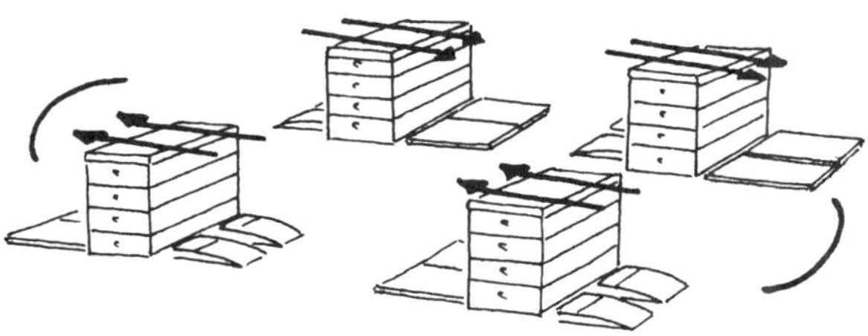

Stationäres Üben, Üben in Bahnen und im Kreisdurchgang

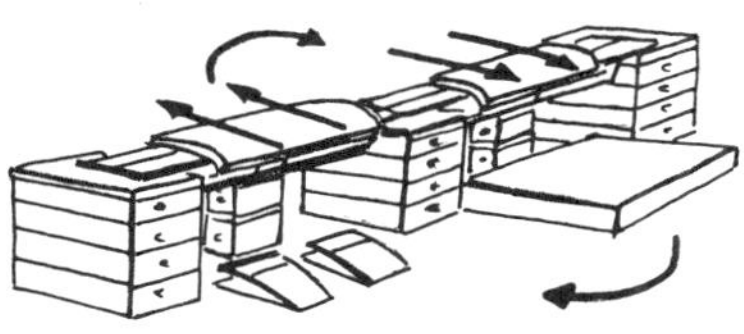

Stationäres Üben und Üben im Kreis

Stationäres Üben, Üben in Teilkreisen und im Strom

3.3 Sprünge am Minitramp

3.3.1 Sprunggewöhnung

Federn mit zwei Helfern

Hilfestellung: Zwei Helfer begleiten die Bewegung. Eine Hand faßt die Hand des Übenden, die andere an den Oberarm

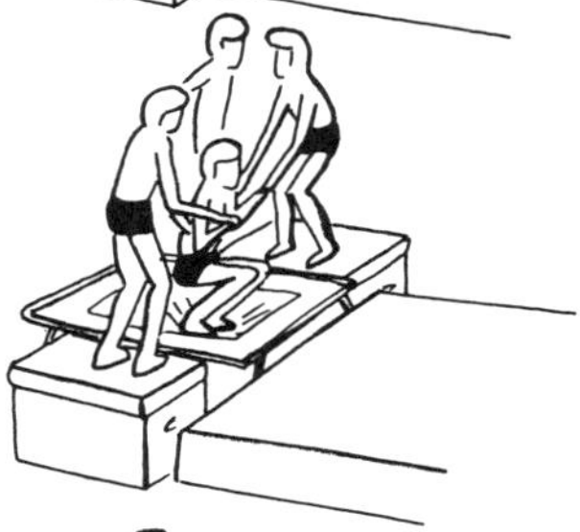

Federn mit "Abbremsen"

Strecksprung mit Partnerhilfe

Strecksprung mit "Begleitung"

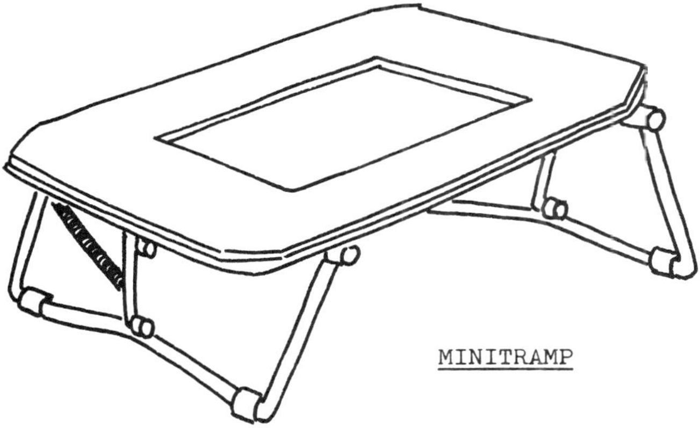

MINITRAMP

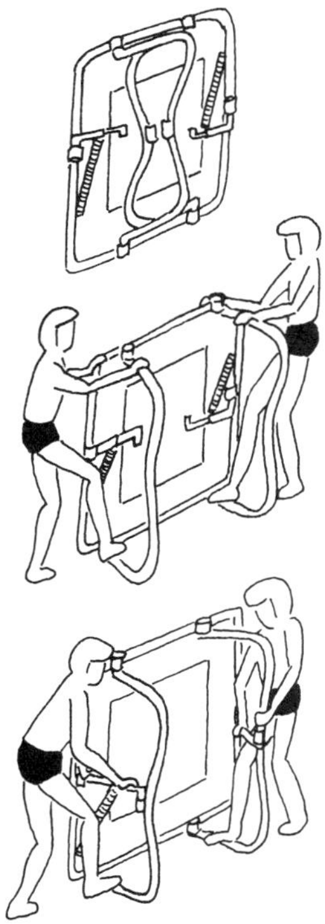

Klappt die "Beine" heraus und sichert sie mit einem Fuß

▶ BEINE SICHERN ◀

Setzt die Beine mit dem "Federhaken" fest

▶ EINSPANNEN ◀

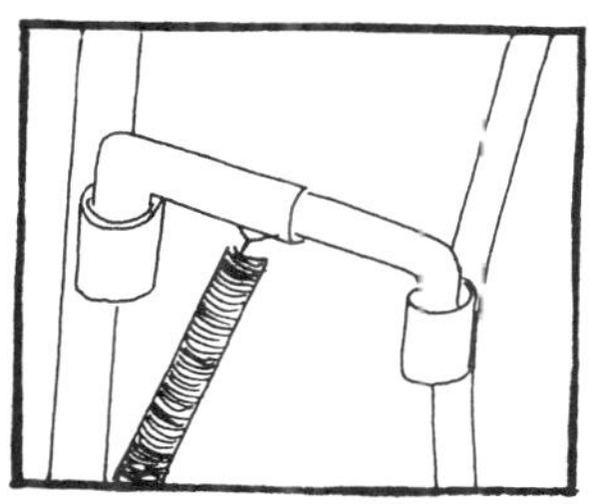

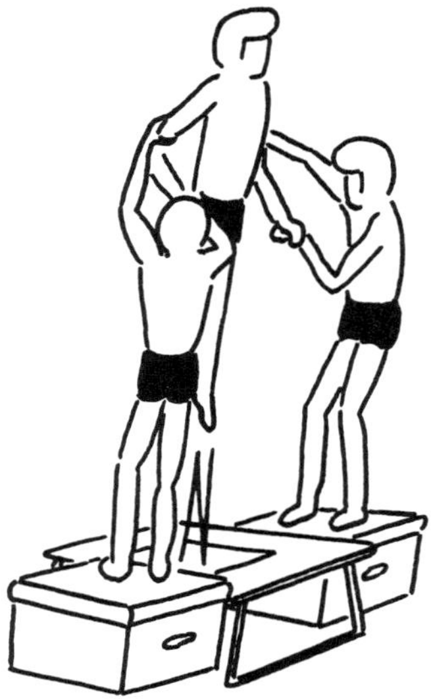

<u>FEDERN AM MINITRAMP</u>

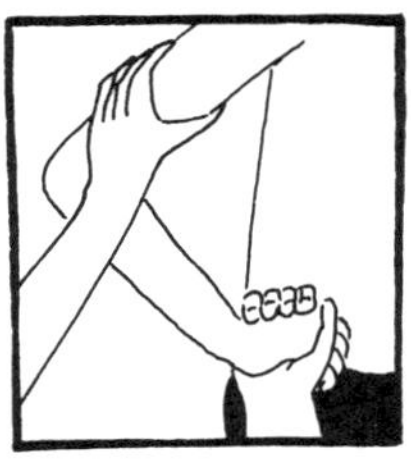

So erfaßt Du den Übenden

Beim Federn:

▶ BEINE SPANNEN ◀

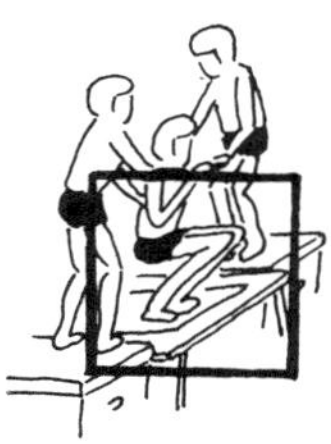

Beim Abbremsen: In den Knien

▶ NACHGEBEN ◀

Hocksprung mit "Begleitung"

3.3.2 Sprünge mit verschiedenen Einsprunghilfen

Kleiner Kasten als Einsprunghilfe (zwingend: ein Bein - beide Beine)

Strecksprung

Sicherheitsstellung!

Hocksprung

Grätschwinkelsprung

Grätschsprung

Bücksprung

Zielsprung

<u>Sprünge mit Kastentreppe als Einsprunghilfe</u>

Strecksprung

Hocksprung

Grätschsprung

Grätschwinkelsprung

Bücksprung

Organisation des Übens:

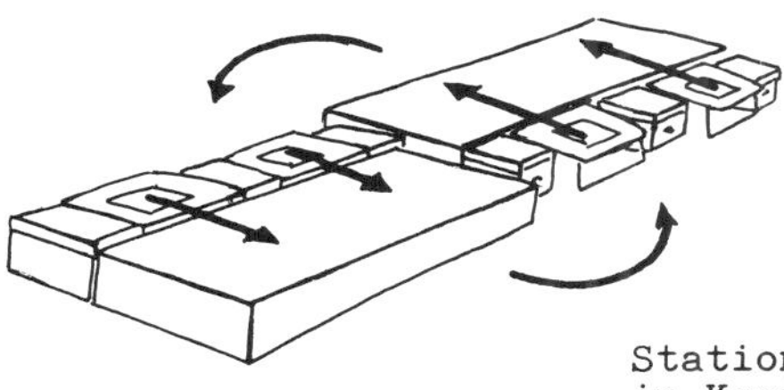

Stationäres Üben und Üben im Kreis (es wandert die gesamte Dreiergruppe)

Üben in Bahnen und im Kreisdurchgang

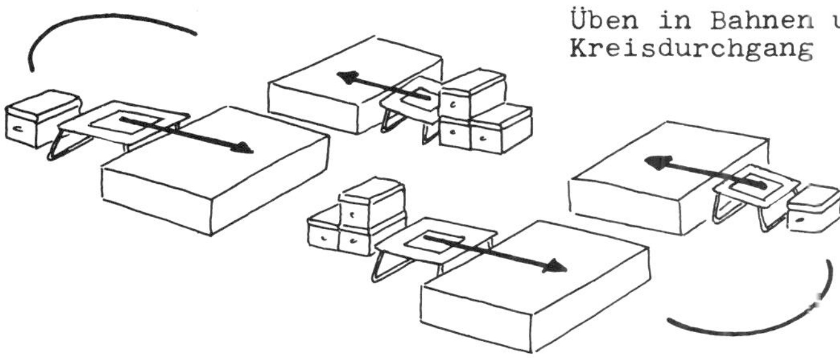

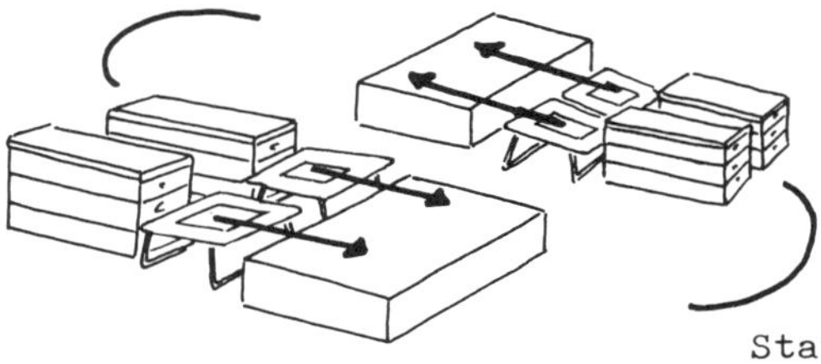

Stationäres Üben und Üben im Kreisdurchgang

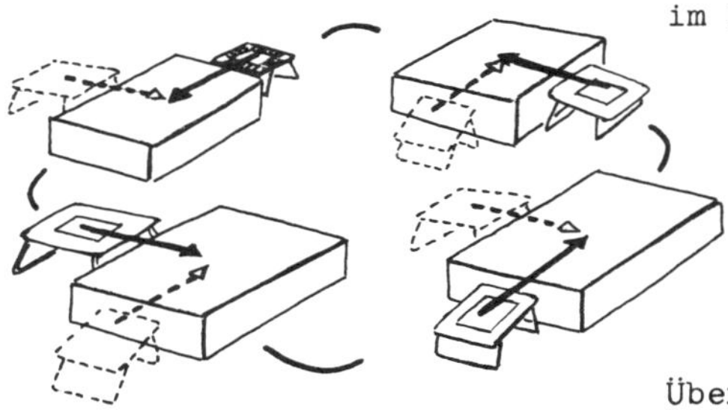

Üben im Kreis oder in Bahnen überkreuz

Sprung "um die Ecke"

Organisation des Übens:

Stationäres Üben und Üben in Teilkreisen

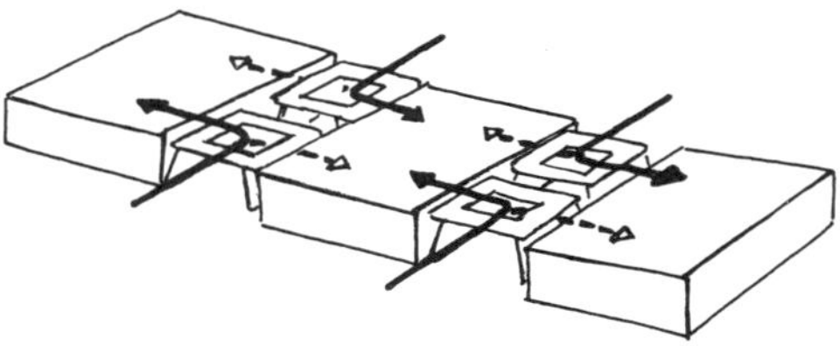

Stationäres Üben und Üben im Kreisdurchgang

Sprünge mit Sprungbrett
als Einsprunghilfe

3.3.3 Sprünge über Hindernisse (Kasten)

aus dem Federn mit Partnerhilfe

Hilfestellung: Zwei Helfer begleiten die Bewegung. Eine Hand faßt die Hand, die andere nach dem Absprung den Oberarm des Übenden

Strecksprung
Zwei Helfer sichern die Bewegung

Hocksprung

Hocksprung mit Helfern hinter dem Kasten

über drei Kastenteile

über vier Kastenteile

Organisation des Übens:

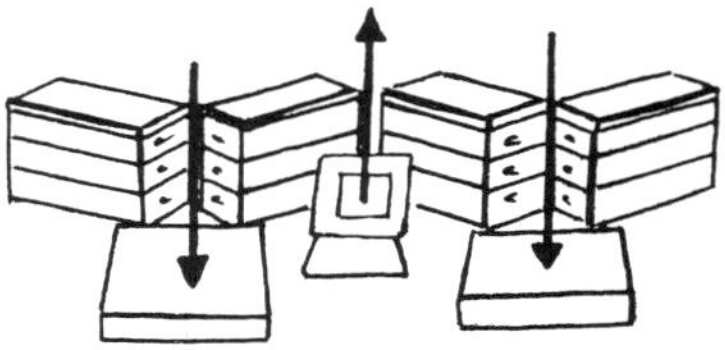

Stationäres Üben und Üben im Strom

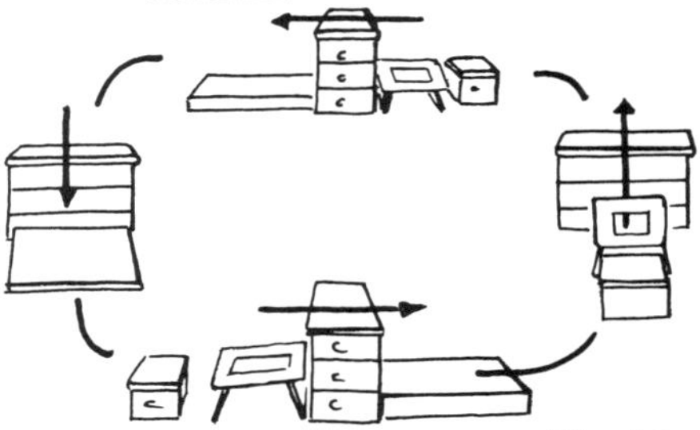

Stationäres Üben und Üben im Kreisdurchgang (es wandert nur der Übende oder die gesamte Dreiergruppe)

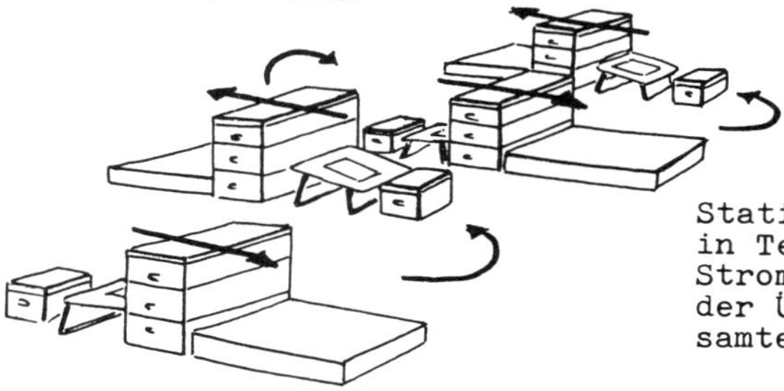

Stationäres Üben, Üben in Teilkreisen und im Strom (es wandert nur der Übende oder die gesamte Dreiergruppe)

3.3.4 Gruppensprünge

zu zweit

zu viert

3.3.5 Mehrfachsprünge mit "Begleitung"

über zwei Minitramps

über drei oder vier Minitramps

Organisatation des Übens:

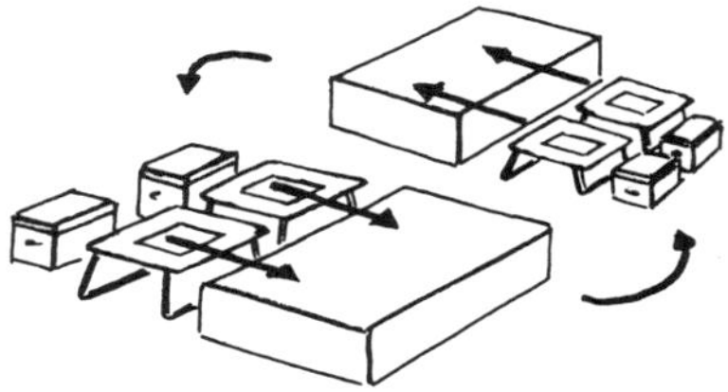

Stationäres Üben und Üben im Kreisdurchgang

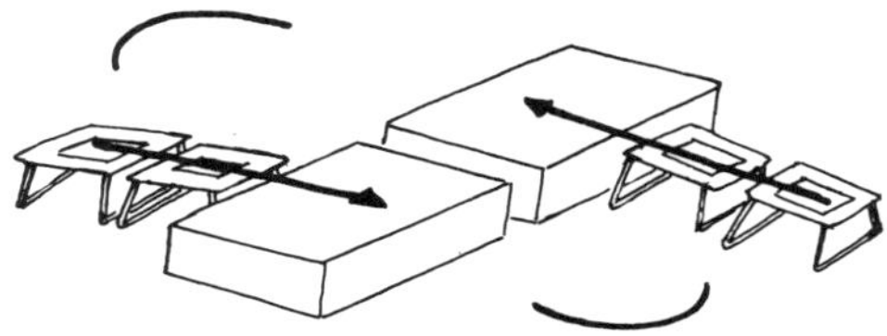

Stationäres Üben und Üben im Kreis

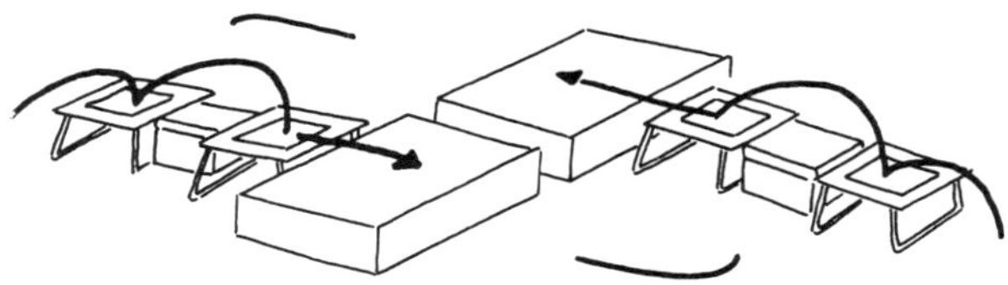

3.4 Balancieren

3.4.1 Balancieren über die umgelegte Bank

vorwärts oder rückwärts

zu zweit nebeneinander

zu dritt nebeneinander

mit mehrmaligem Hinhocken

auf allen Vieren

im Entengang mit Partnerhilfe

im Entengang zu zweit
nebeneinander

die ganze Gruppe im
Entengang

seitwärts mit Seitenwechsel

erst vorwärts, dann rückwärts

vorwärts, halbe Drehung in
der Hocke, rückwärts

die ganze Gruppe mit Handfassen

die ganze Gruppe seitwärts

bis zur Mitte, halbe Drehung in der Hocke und zurück

im Wiegeschritt links und rechts im Wechsel (keine Bodenberührung)

über Hindernisse

mit Reifenwechsel unter dem Balken (von einer Hand in die andere)

mit Gerätetransport

dabei mehrmals durch einen Reifen steigen

mit Bankwechsel

über Medizinbälle

durch Reifen

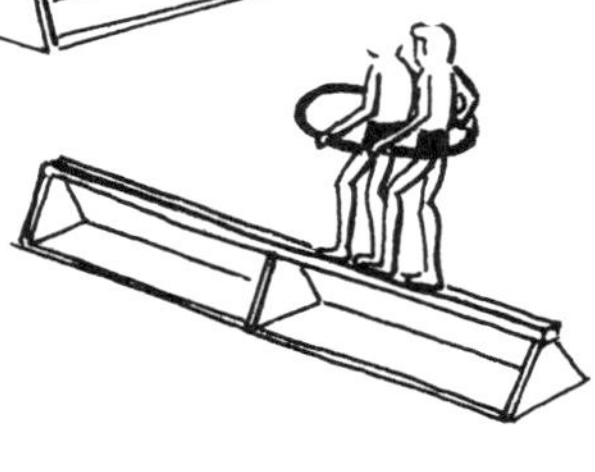

zu zweit im Reifen

von den Bankenden zur Mitte und Übergabe eines Gegenstandes unter dem Balken

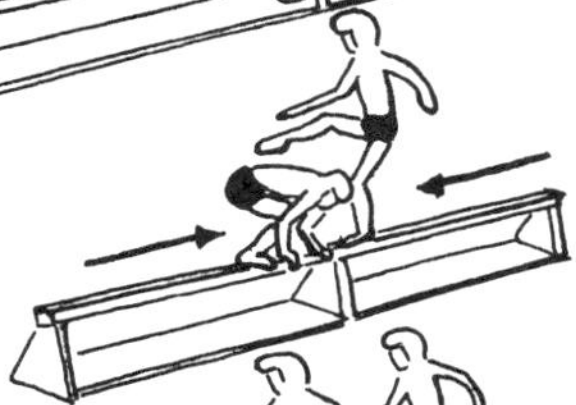

über den Partner

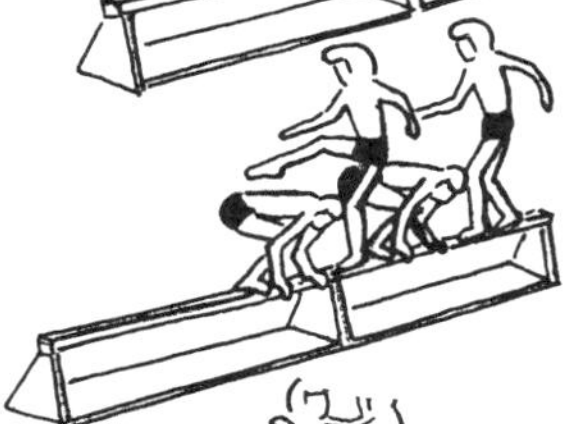

mit der ganzen Gruppe: über die Vorderleute, dann hinhocken

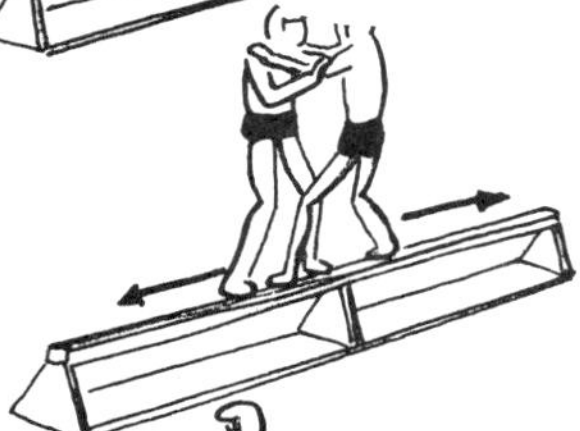

aneinander vorbei

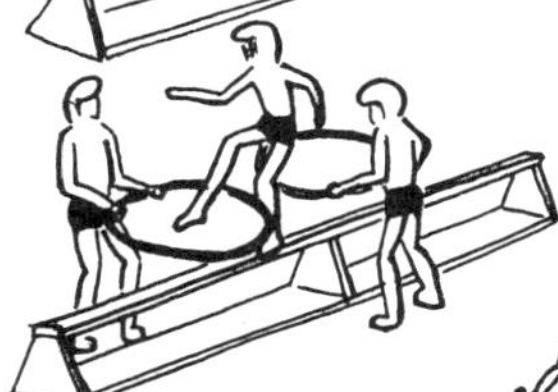

durch Ringe

<u>Organisation des Übens:</u>

Balancieren mit Abgang oder Zusatzübung

Hin und her mit verschiedenen Aufgabenstellungen

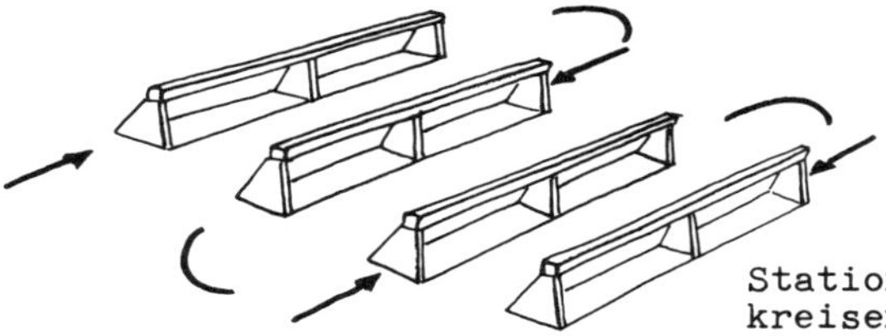

Stationäres Üben, Üben in Teil-
kreisen und im Strom

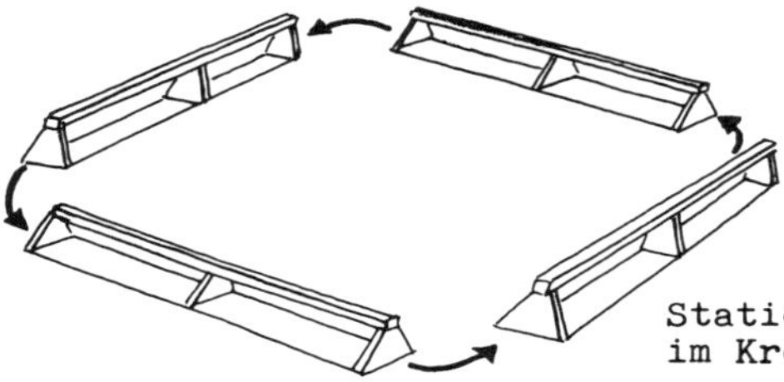

Stationäres Üben und Üben
im Kreisdurchgang

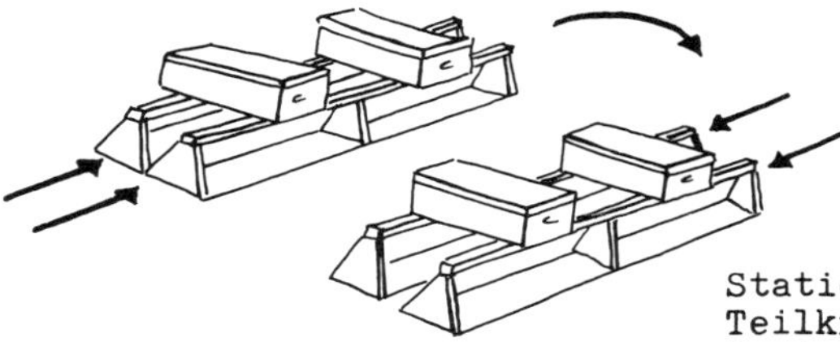

Stationäres Üben, Üben in
Teilkreisen und im großen
Kreis

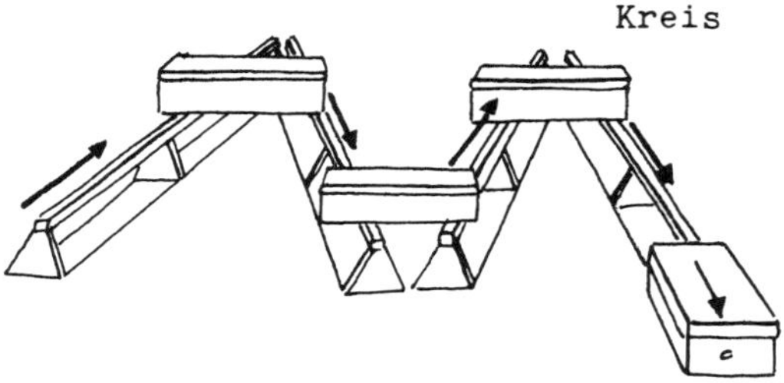

Variable Bankwege

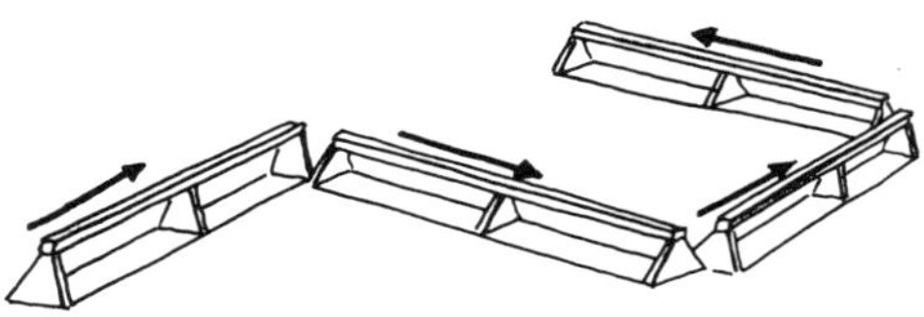

3.4.2 Balancieren auf der Schräge

bergauf und bergab

zu zweit

im Entengang mit Partnerhilfe

auf allen Vieren

mit Gegenständen

mit mehrmaligem Hinhocken

die ganze Gruppe

3.4.3 Balancieren auf dem hohen Balken

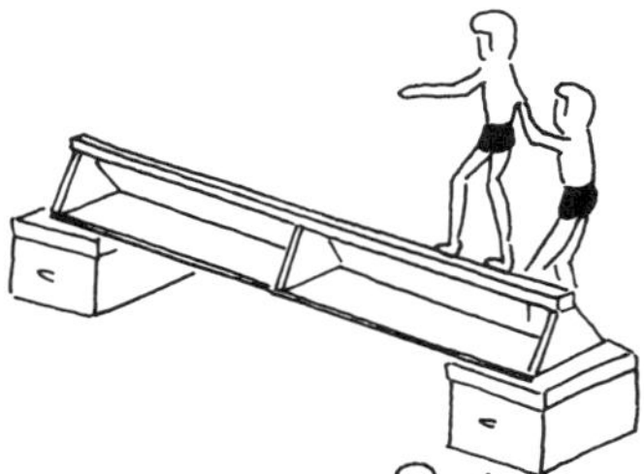

mit Partnerhilfe

zu zweit

auf allen Vieren

mit mehrmaligem Hinhocken

seitwärts mit Seitenwechsel

im Wiegeschritt

über Hindernisse

seitwärts in der Gruppe

Organisation des Übens:

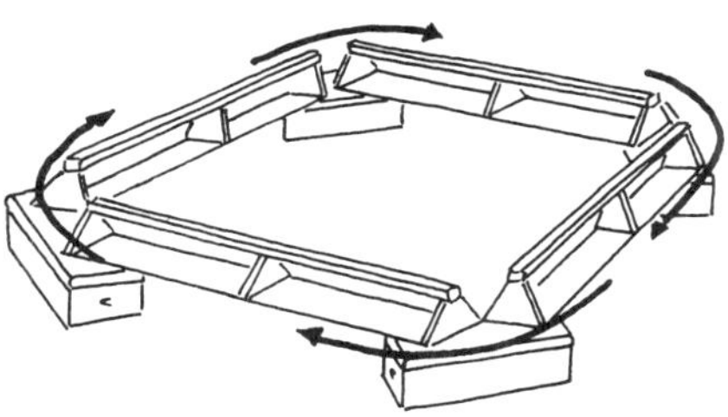

Stationäres Üben und Üben
im Kreisdurchgang

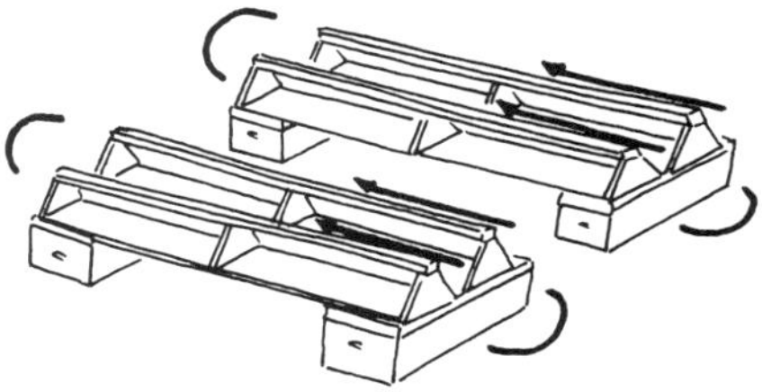

Stationäres Üben und Üben in verschiedenen Kreisen

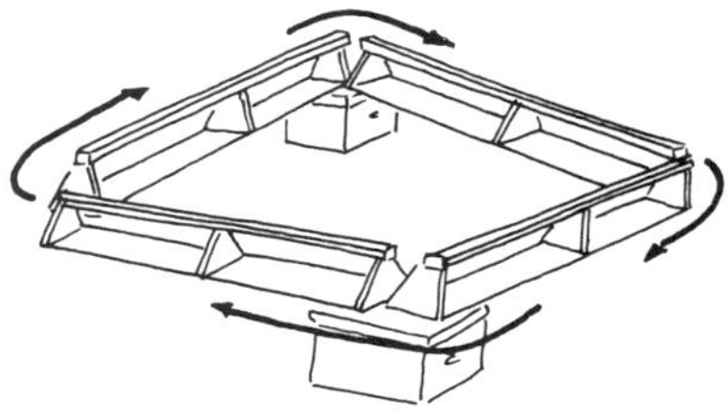

Auf und ab im Kreis

Stationäres Üben, Üben in verschiedenen Kreisen und im Strom

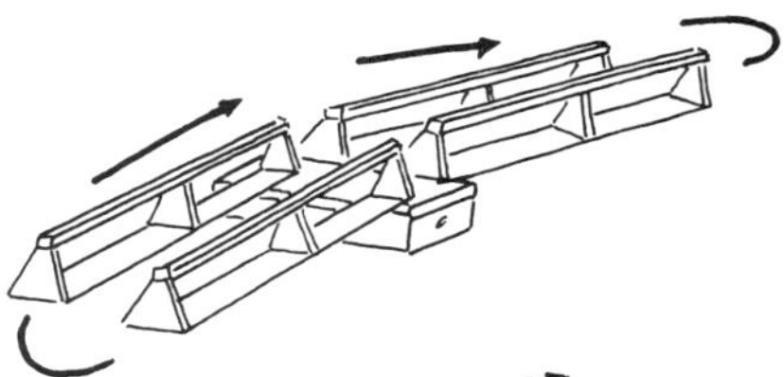

Auf und ab in Bahnen und im Kreis

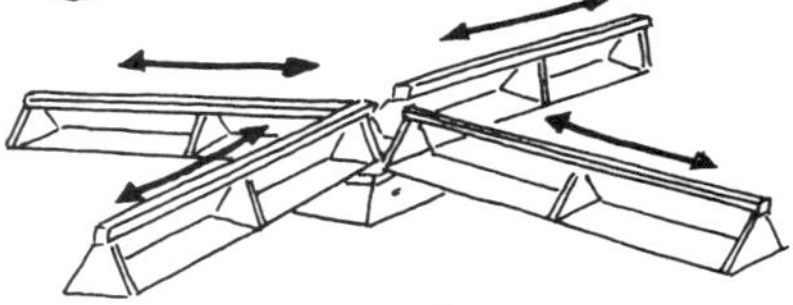

Auf und ab am Bankviereck

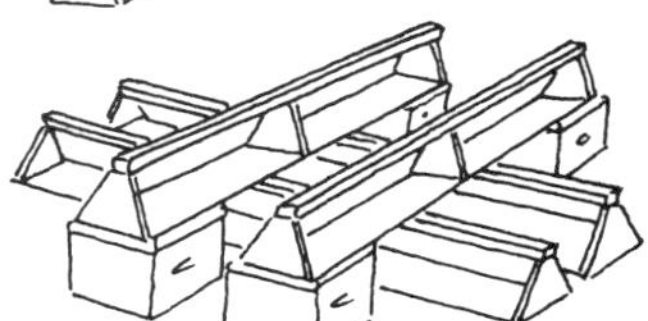

Oben und unten am Bankkreuz

3.5 Turnen an Tauen und Schwingenden Ringen

3.5.1 Schwingen von einer Erhöhung

in den Weichboden

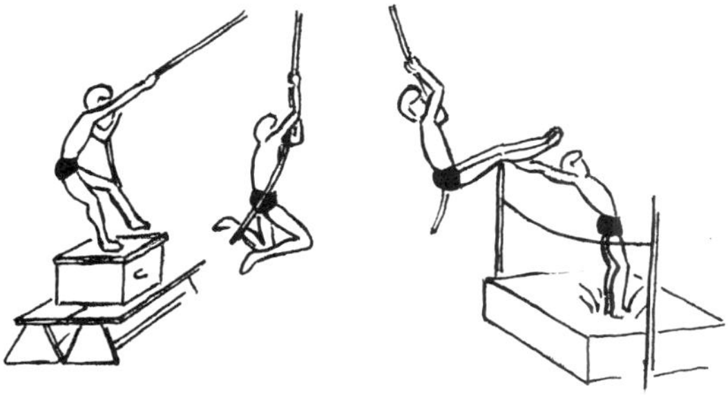

über eine Leine

auf eine Erhöhung

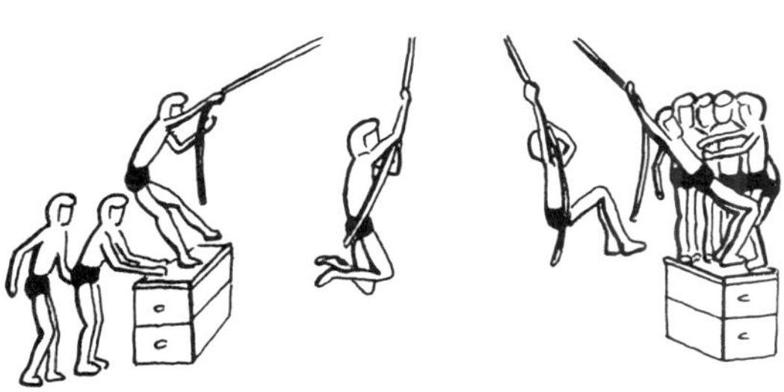

als Spiel- oder Wettkampfform: Alle auf den gegenüberliegenden Kasten!

Abschwingen mit Zusatzübung

vom niedrigen Kasten

vom erhöhten Kasten

Schwingen zwischen Erhöhungen

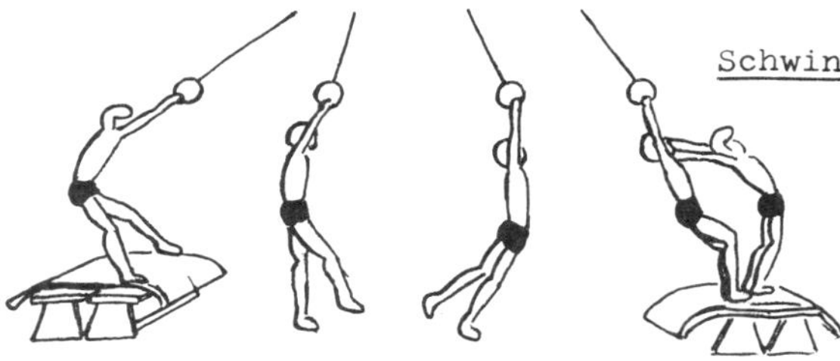

von Bank zu Bank

von Kasten zu Kasten

ein Kastenteil

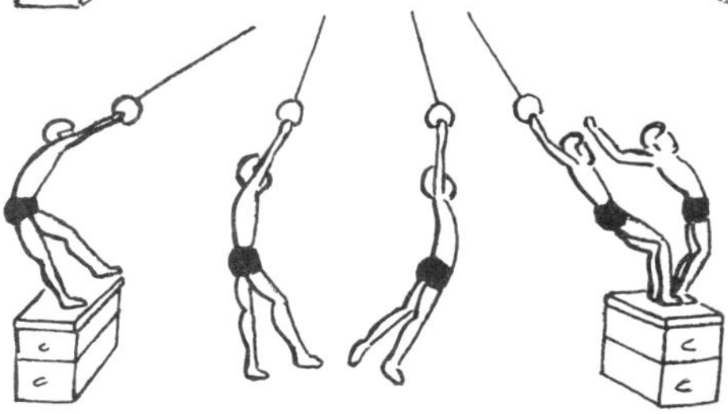

zwei Kastenteile

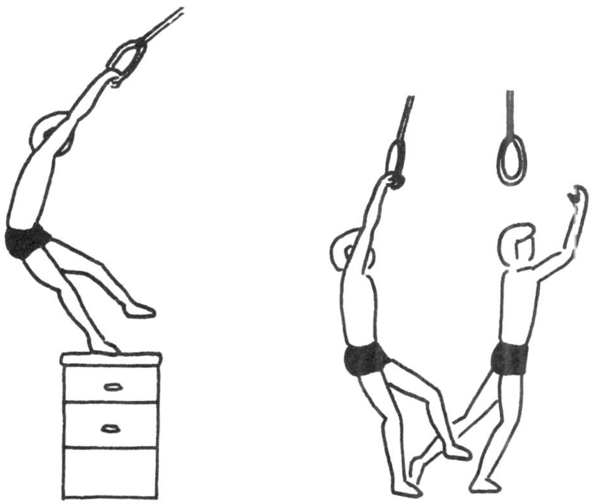

ABLAUFEN AUS DEM SCHWINGEN

Beginne den Abschwung, indem
Du ein Bein hebst

▶ BEIN HEBEN ◀

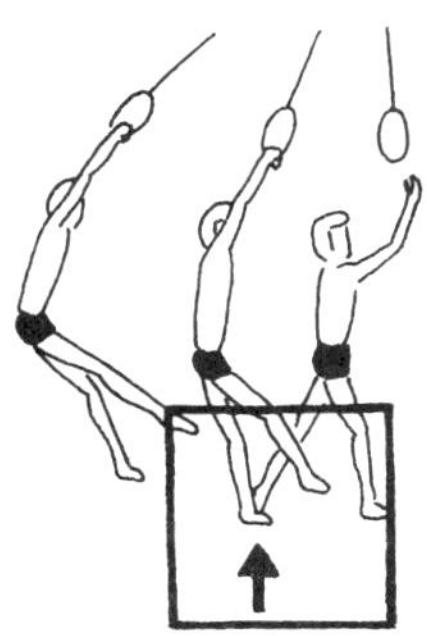

Löse den Griff beim ersten
Bodenkontakt

▶ BODENKONTAKT - GRIFF LÖSEN ◀

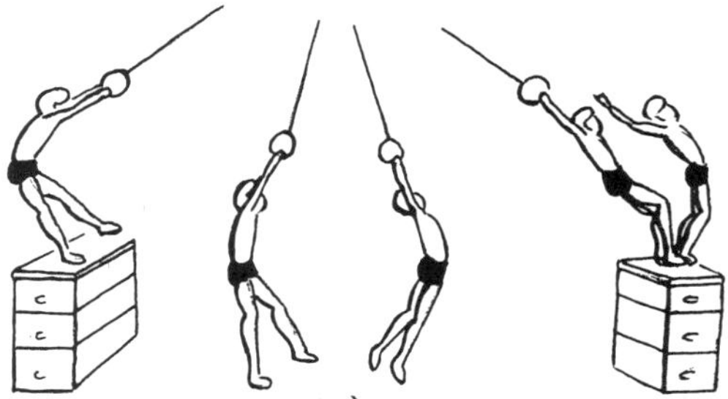

drei Kastenteile

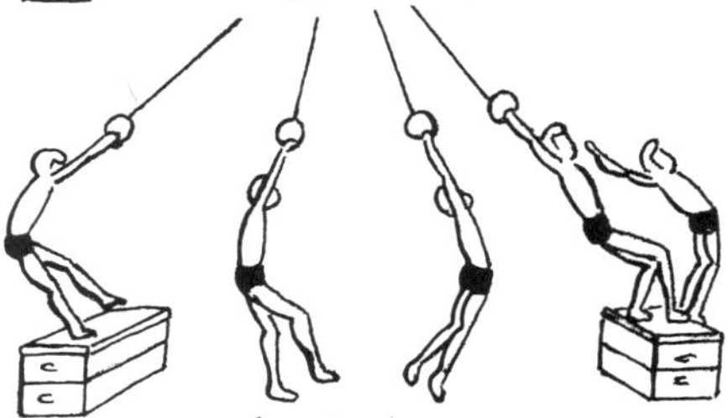

mit Zusatzübung

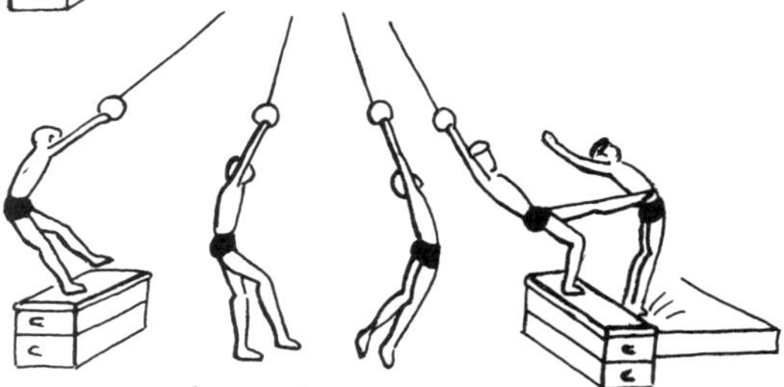

mit Überschwung

über den niedrigen Kasten

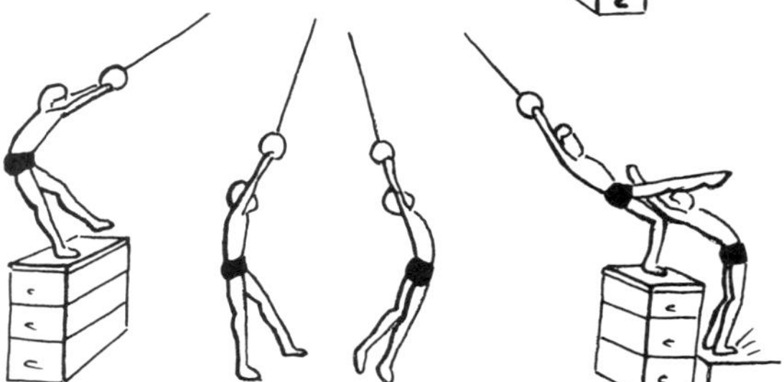

über den hohen Kasten

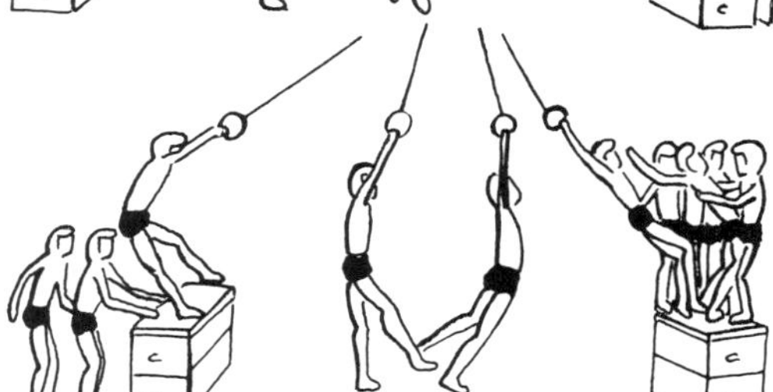

als Spiel- und Wettspielform: Alle auf den gegenüberstehenden Kasten

3.5.2 Gruppenschwingen von einer Erhöhung

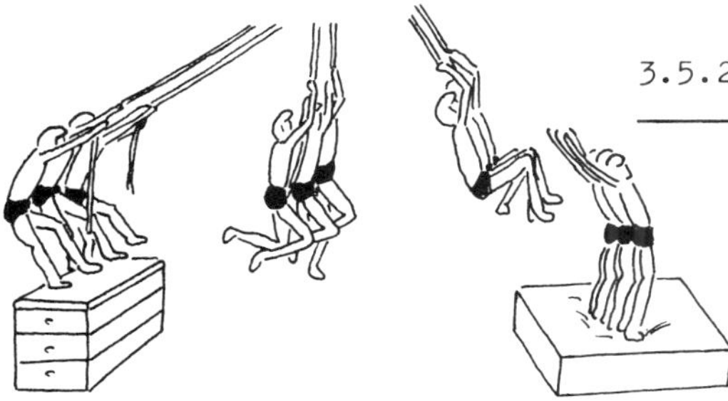

zu dritt an zwei Tauen

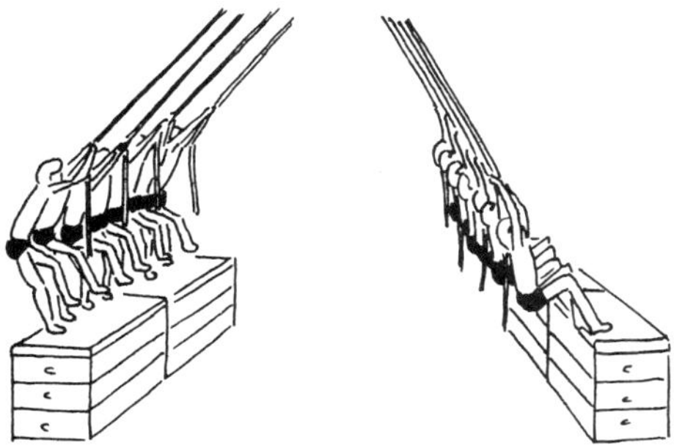

zu siebt an vier Tauen

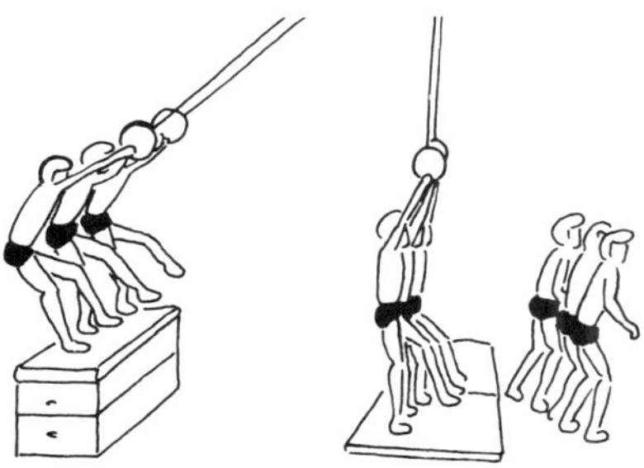

zu dritt an einem Paar Ringe: Ablaufen

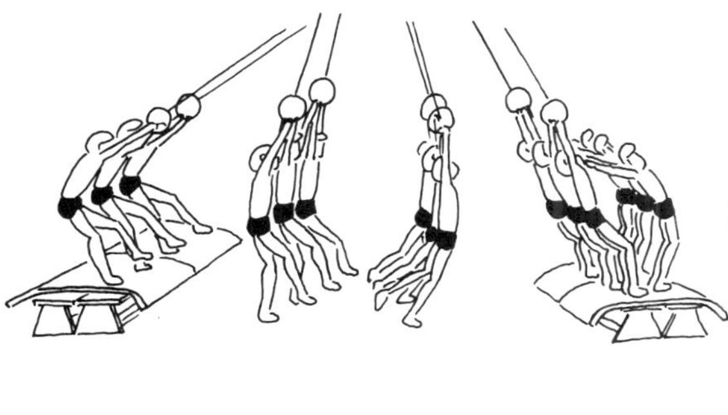

zu dritt von Bank zu Bank

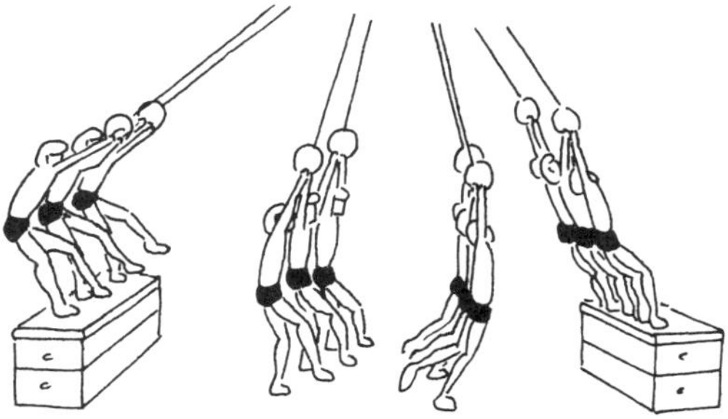

zu dritt von Kasten
zu Kasten

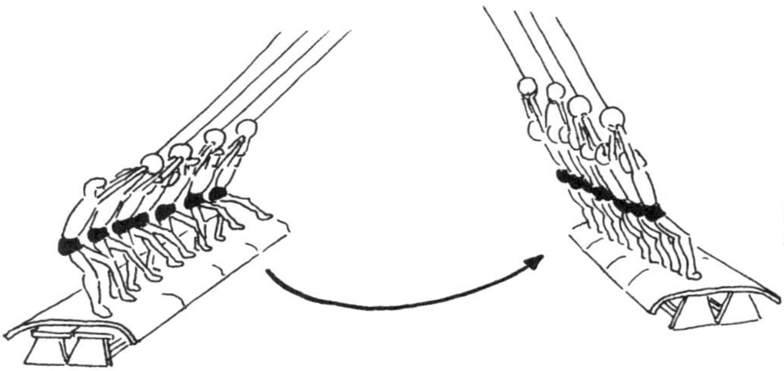

zu siebt an
zwei Paar Ringen

<u>Organisation des Übens:</u>

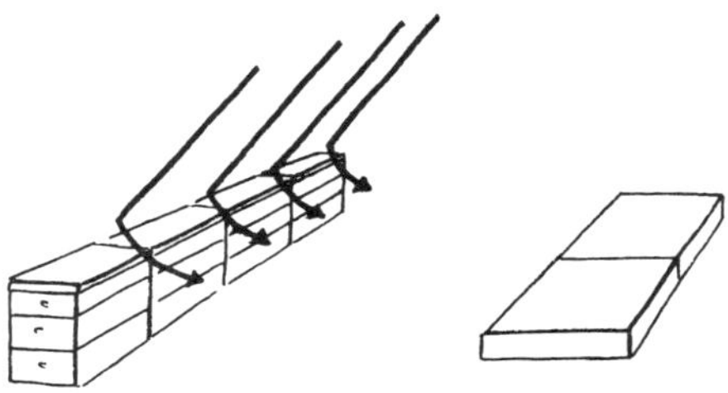

Stationäres Üben

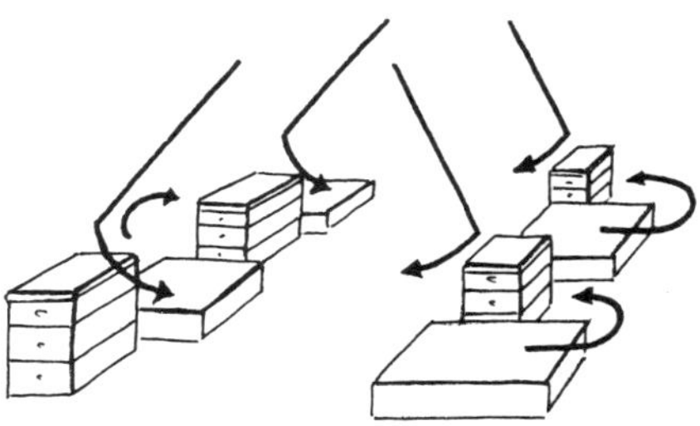

Stationäres Üben und
Üben in Teilkreisen
und im Strom

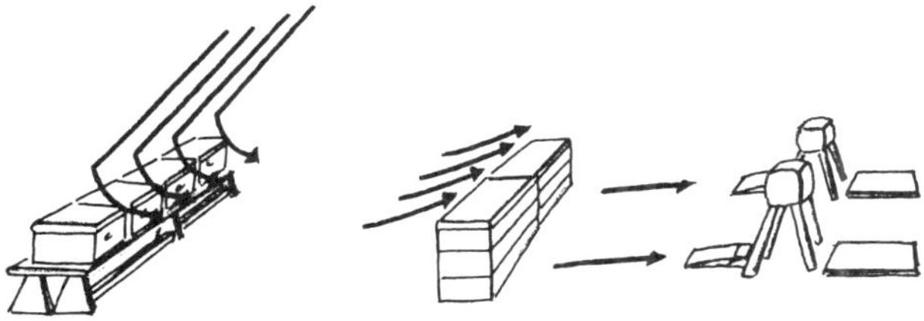

Stationäres Üben
mit Zusatzübung

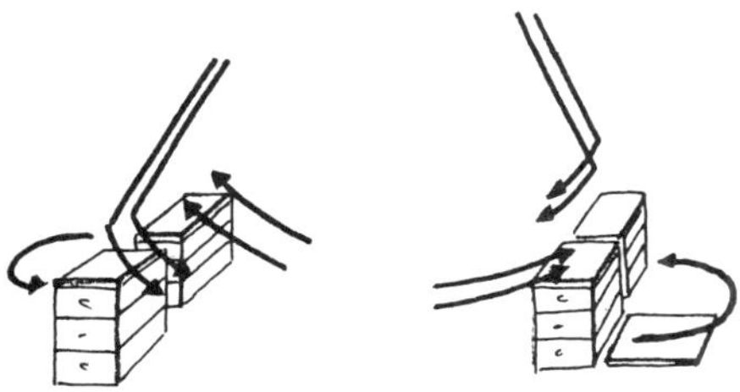

Stationäres Üben und Üben
im Kreisdurchgang

3.5.3 Gruppenschwingen

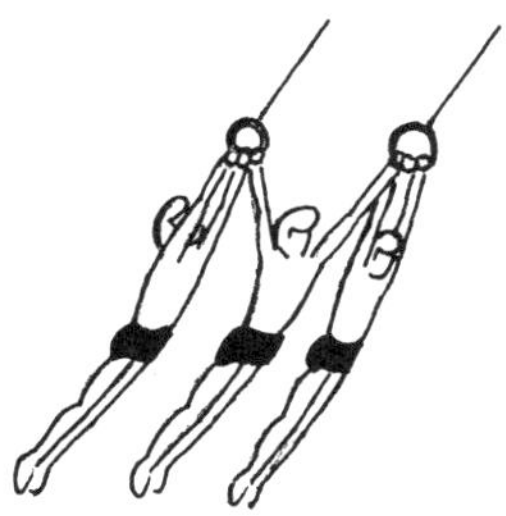

zu dritt an einem Paar
Ringe

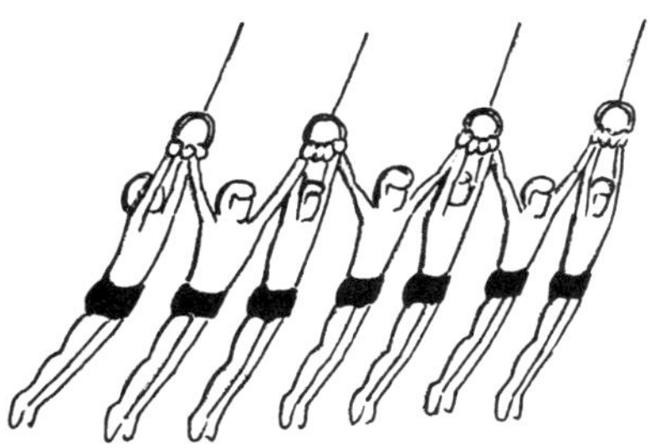

zu siebt an zwei Paar
Ringen

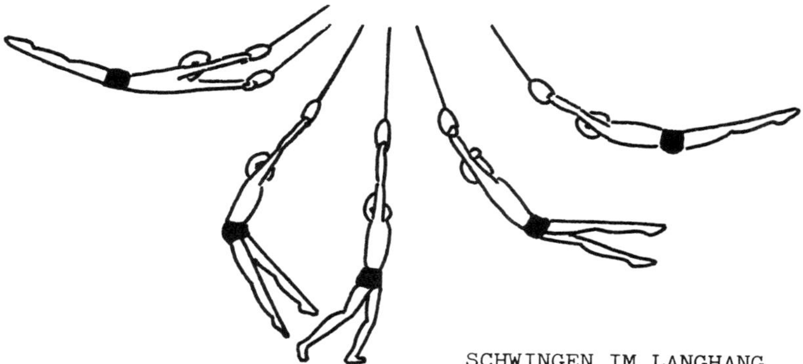

SCHWINGEN IM LANGHANG

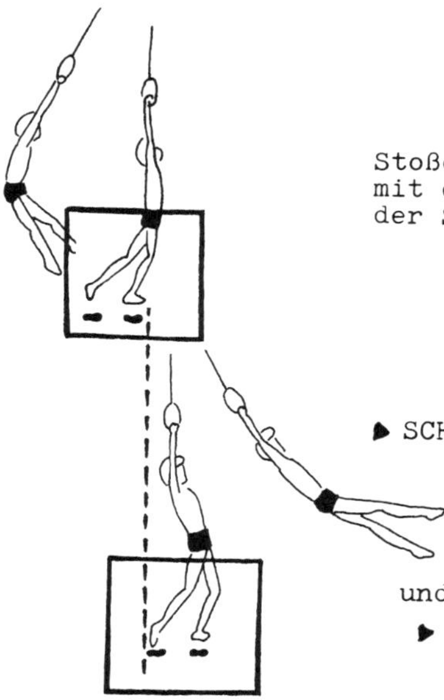

Stoße Dich beim VORSCHWUNG
mit einem Schrittkontakt vor
der Senkrechten ab

▶ SCHRITTKONTAKT VOR DER SENKRECHTEN ◀

und mache das gleiche beim
▶ RÜCKSCHWUNG ◀

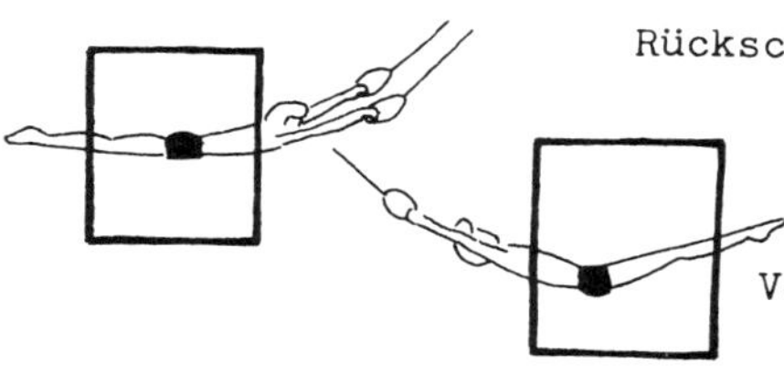

Rückschwung: ▶ HÜFTE GESTRECKT ◀

Vorschwung:
▶ HÜFTE GEBEUGT ◀

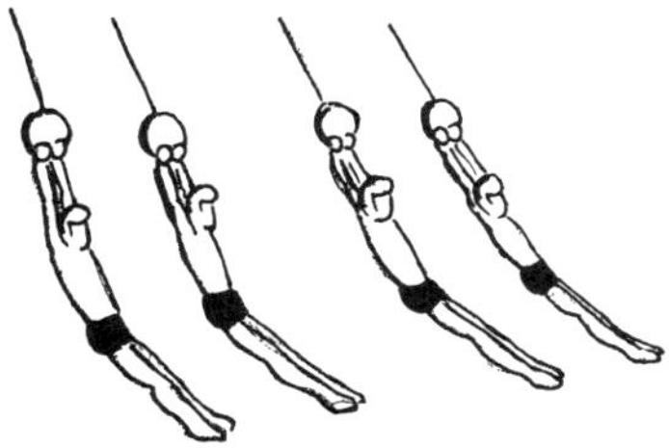

einer an einem Ring
(nur synchron)

zu dritt an vier Tauen

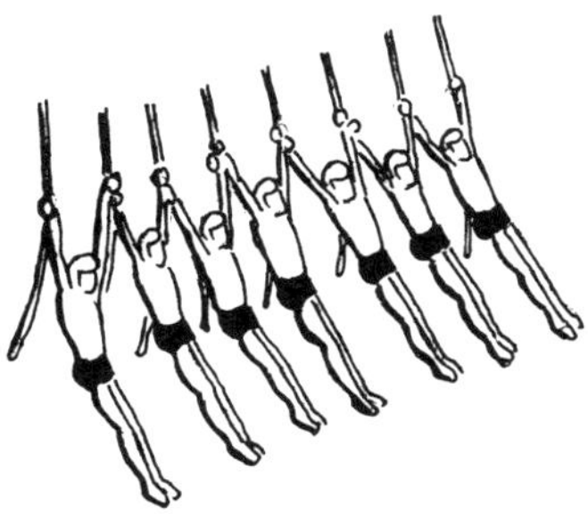

zu siebt an acht Tauen

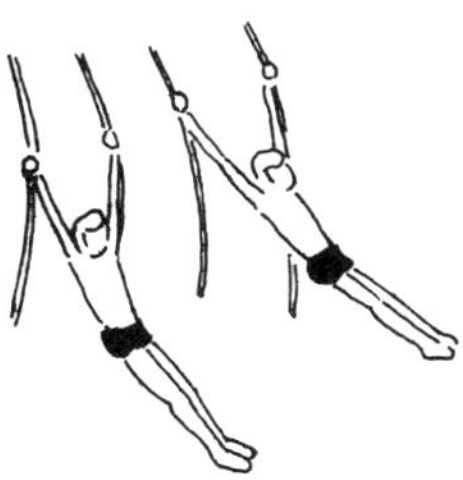

einer an zwei Tauen

3.6 Barrenturnen

3.6.1 Barren als Klettergerüst

Überwinden der Barrenlänge

auf allen Vieren

im Krebsgang

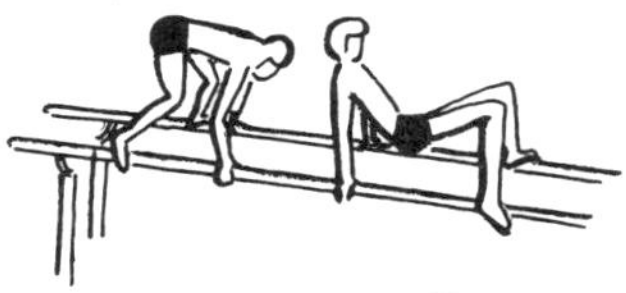

im Wechsel vom Vierfüßler- zum Krebsgang

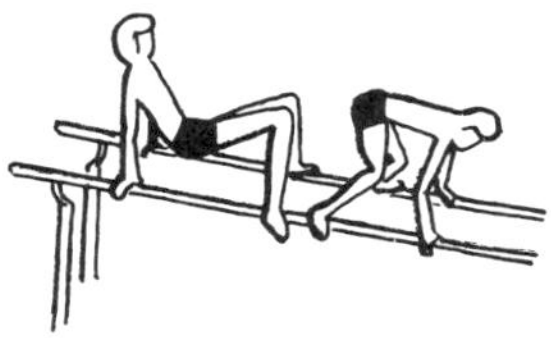

im Wechsel vom Krebs- zum Vierfüßlergang

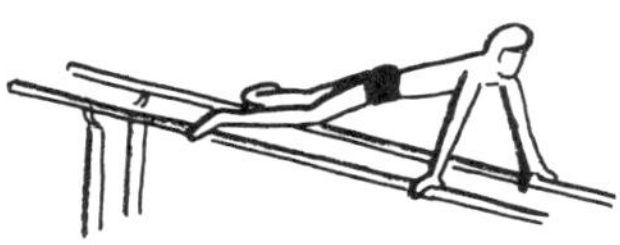

durch Voranziehen im Liegestütz

Organisation des Übens:

nacheinander in einer Richtung

hin und her

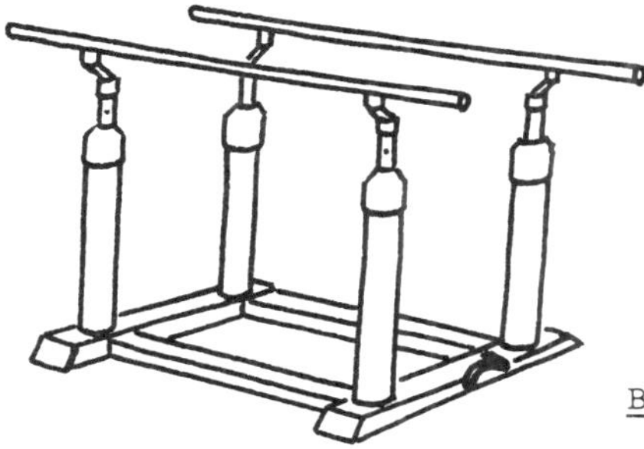

BARREN

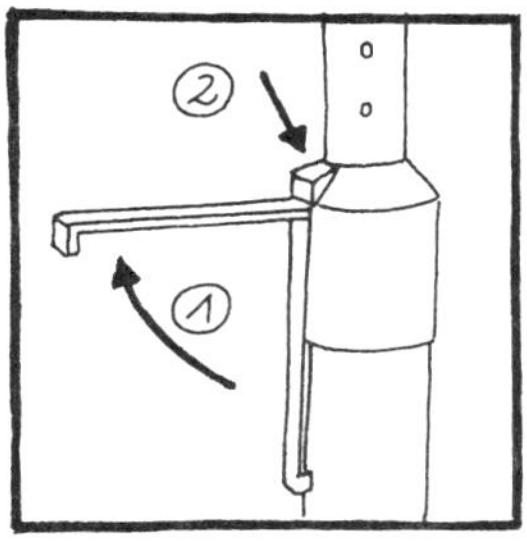

Mit Hebel 1 löst Du die Barreneinstellung, mit Hebel 2 verstellst Du die Höhe

▸ LÖSEN ◂ und

▸ FESTSTELLEN ◂

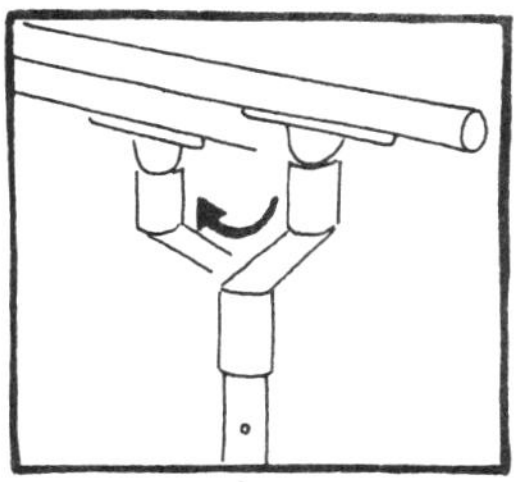

Durch Drehen am "Knie" veränderst Du die Breite der Holmengasse

▸ BREITE ◂

Mit diesem Hebel stellst Du den Barren auf Rollen

▸ SCHIEBEN ◂

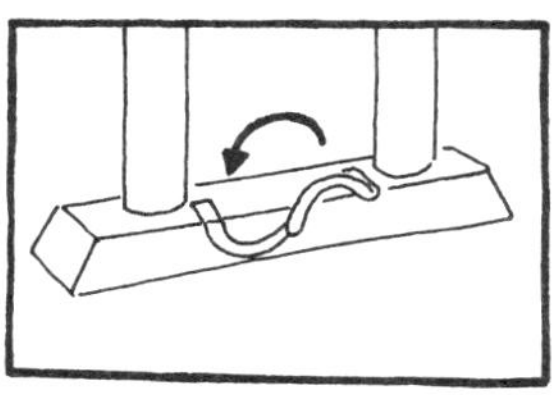

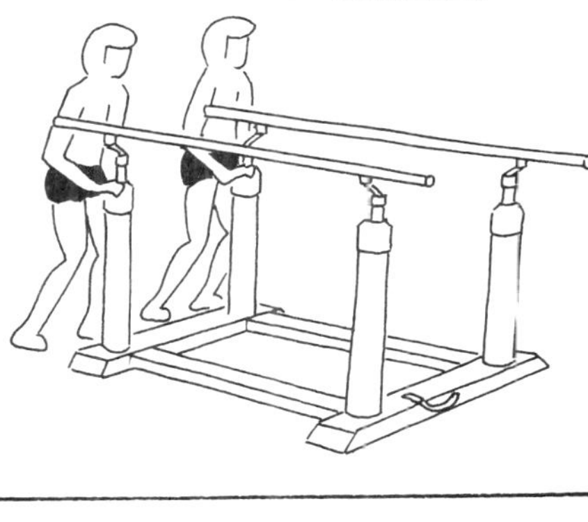

auf allen Vieren aneinander vorbei

bergauf

bergab

Organisation des Übens:

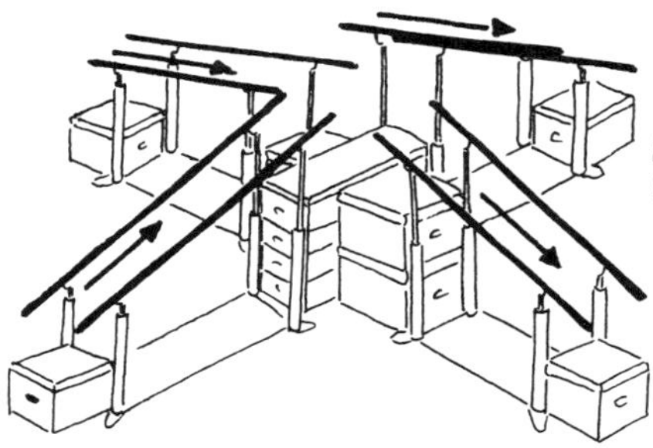

Stationäres Üben, Üben in Bahnen und in der "Acht"

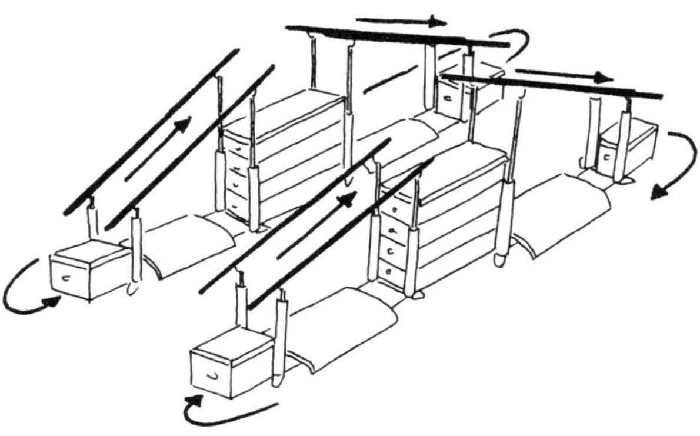

Stationäres Üben, Üben in Bahnen und im Kreis

3.6.2 Unterbrochene Schwungformen

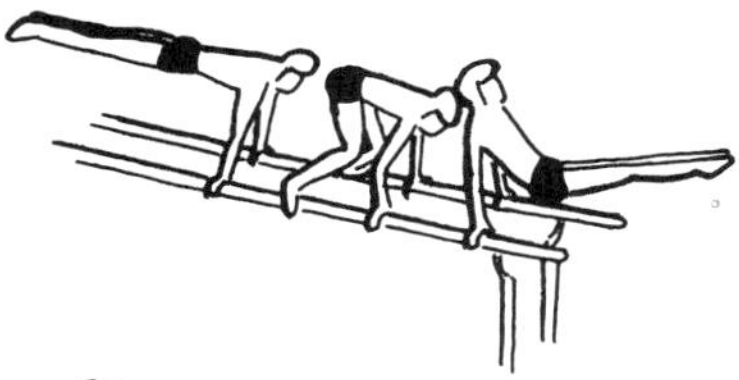

Aufsetzen der Beine auf die Holme

bei jedem Rückschwung

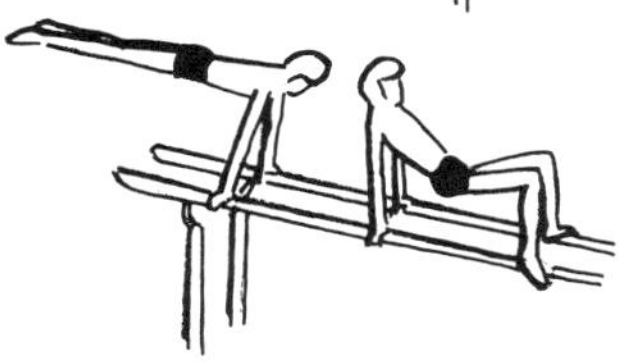

bei jedem Vorschwung

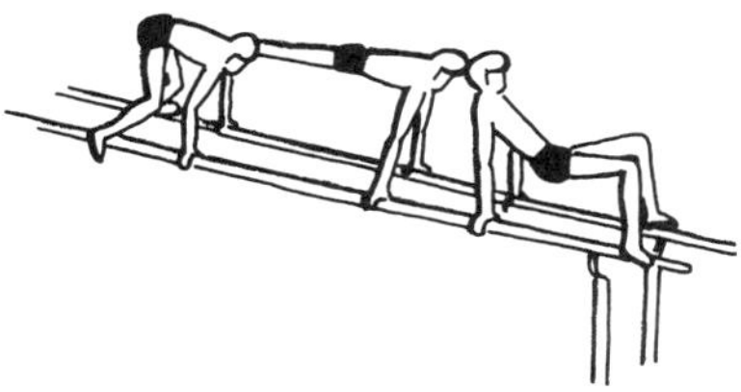

bei Vor- und Rückschwung

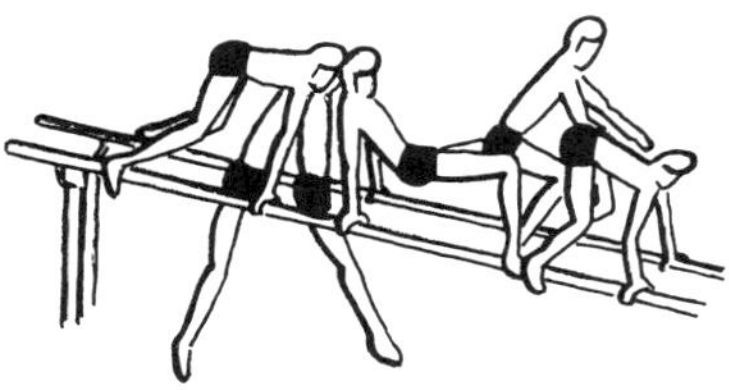

Vorschwung in den Stand auf dem Barren, Einschwingen in den Vorschwung usw.

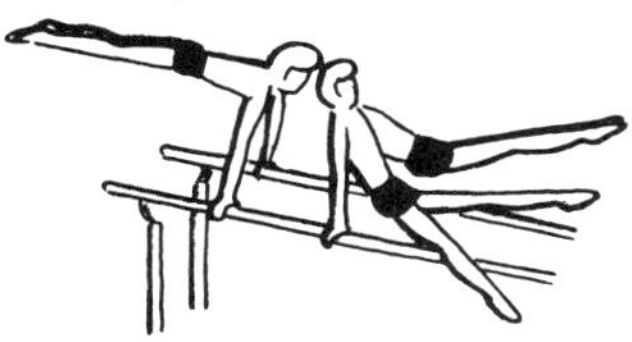

Aufgrätschen bei jedem Vorschwung

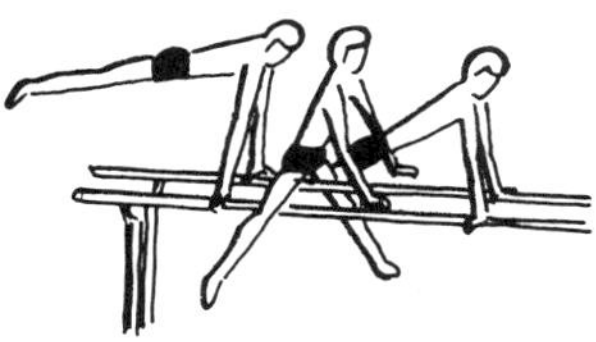

Wandergrätsche

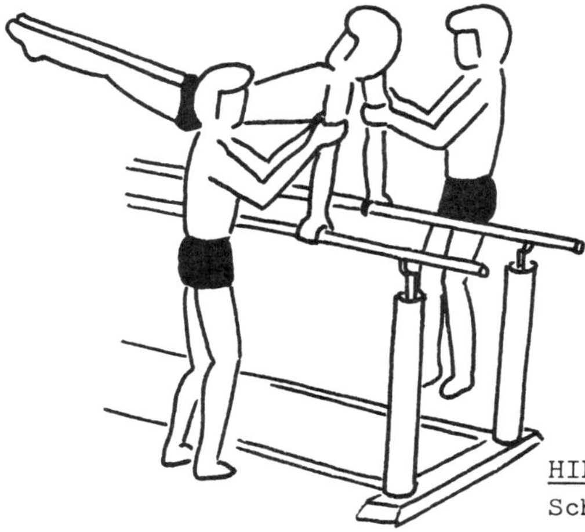

<u>HILFESTELLUNG</u>:
Schwingen

Zunächst:
▶ KLAMMERGRIFF ◀ am
Oberarm

Später:
▶ HALBER KLAMMERGRIFF ◀

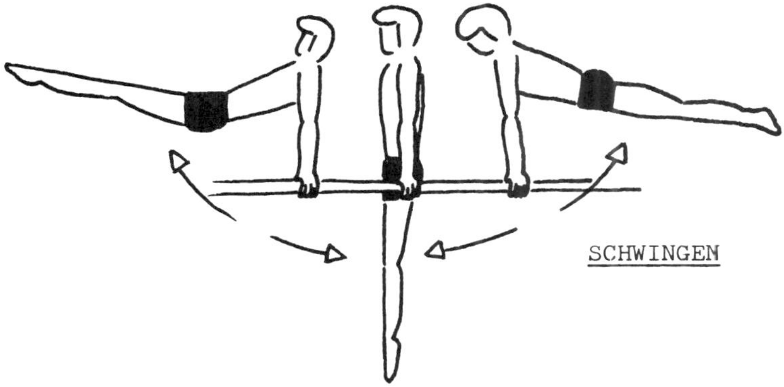

SCHWINGEN

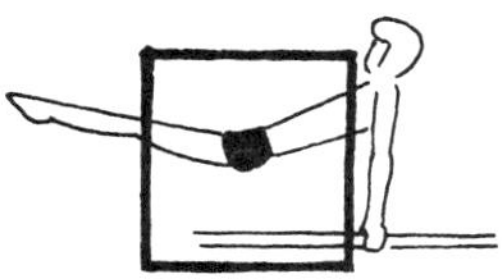

Vorne ist Dein Körper
▶ GEBEUGT ◀

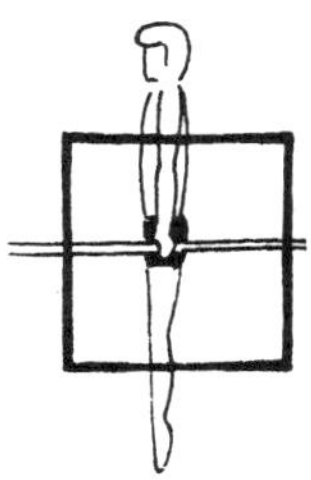

in der Senkrechten stets
▶ GESTRECKT ◀

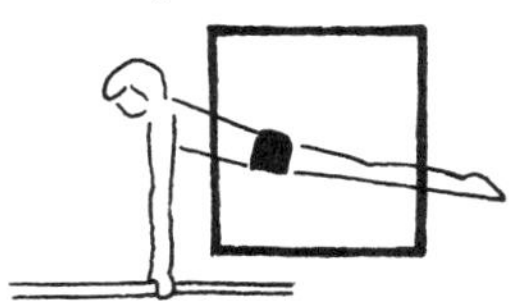

und hinten ebenfalls
▶ GESTRECKT ◀

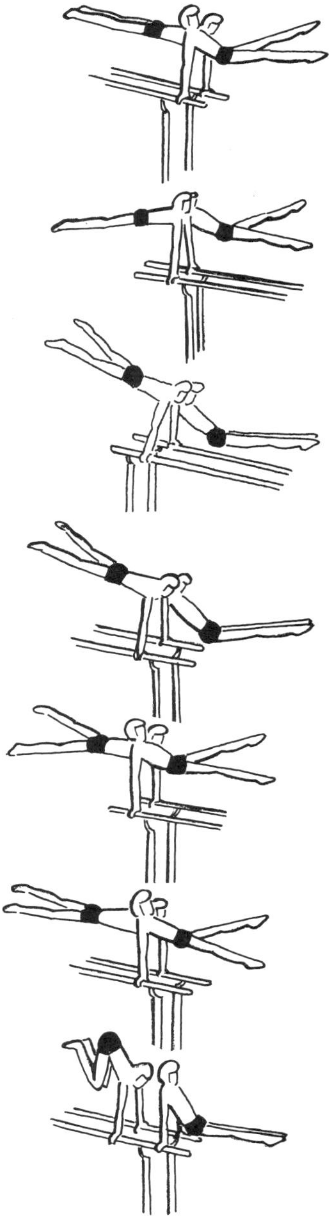

3.6.3 Schwungformen

Grätschen der Beine

beim Vorschwung aus dem
Barren heraus

Hilfestellung: Klammergriff am Oberarm (zwei Helfer)

in die Holmengasse hinein

beim Rückschwung aus dem
Barren heraus

in die Holmengasse hinein

bei Vor- und Rückschwung
-Rückschwung aus der Gasse
heraus

-Rückschwung in die Gasse
hinein

Anhocken der Beine

bei jedem Rückschwung

bei jedem Vorschwung

bei Vor- und Rückschwung

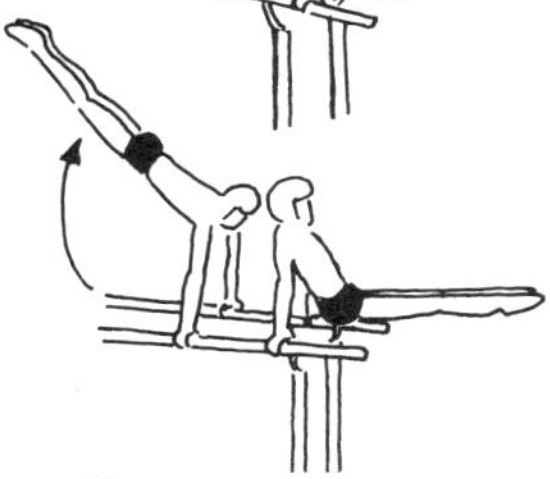

hohes Schwingen

Organisation des Übens:

Jede Gruppe hat ein
Barrenende

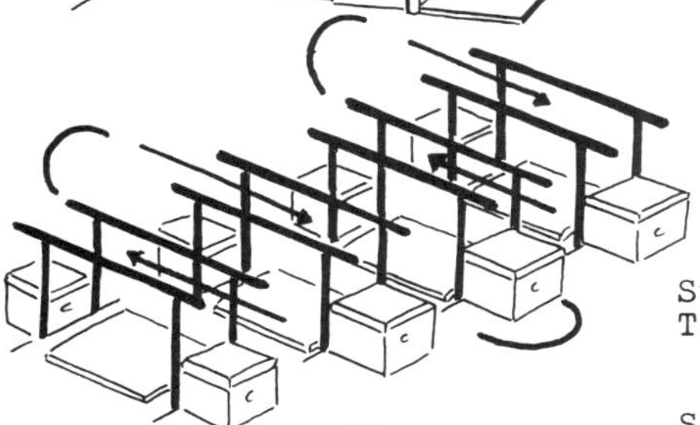

Stationäres Üben, Üben in
Teilkreisen und im Strom

Stationäres Üben und Üben
im Kreisdurchgang

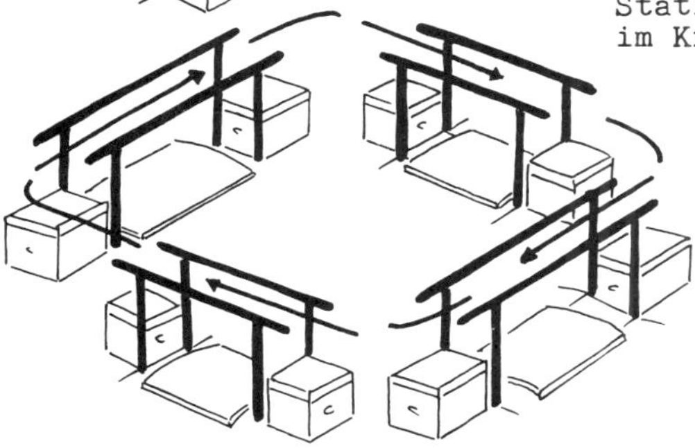

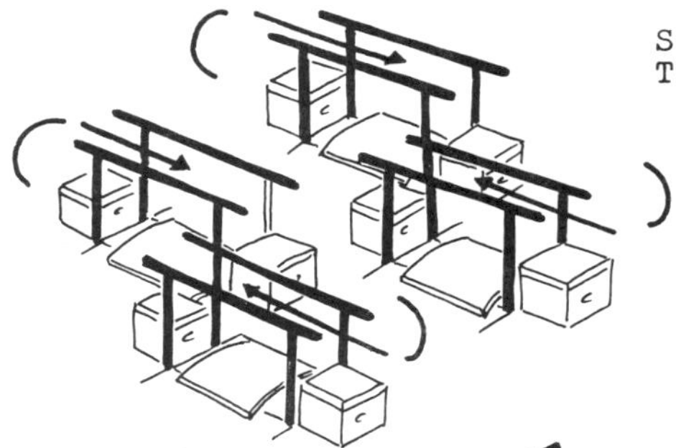

Stationäres Üben, Üben in Teilkreisen und im Strom

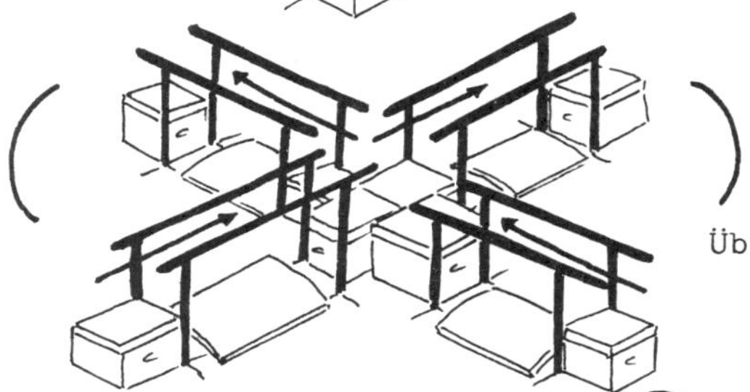

Üben am Barrenkreuz

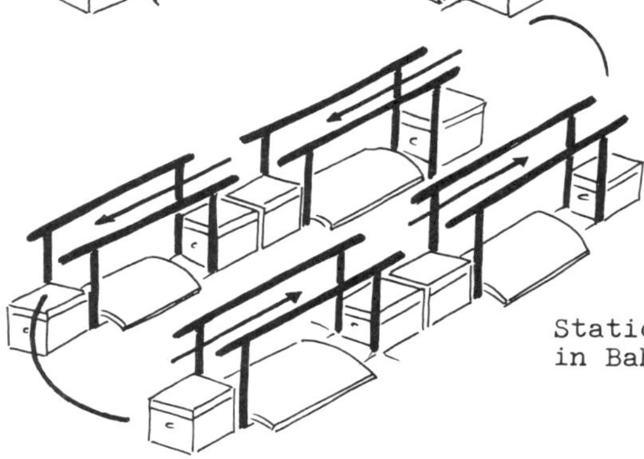

Stationäres Üben, Üben in Bahnen und im Kreis

3.6.4 Gruppenschwingen

zu dritt nebeneinander

zu siebt nebeneinander

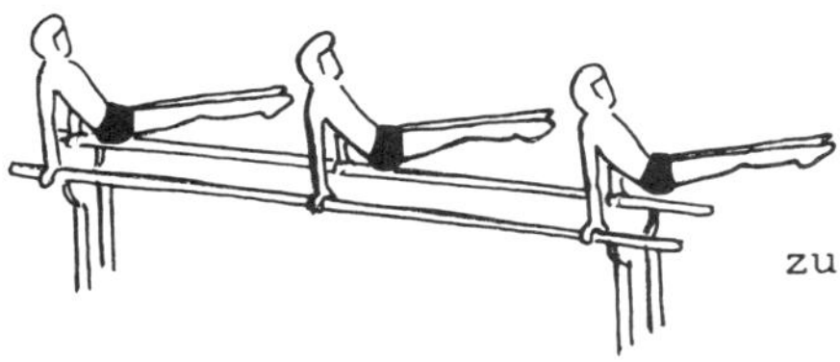

zu dritt an einem Barren

Organisation des Übens:

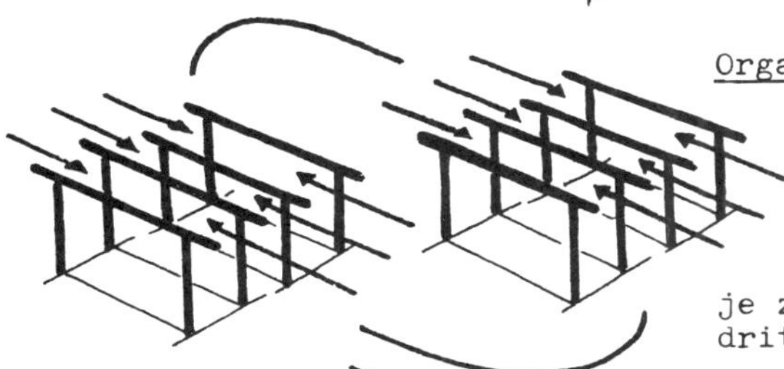

je zwei Barren geben einen dritten

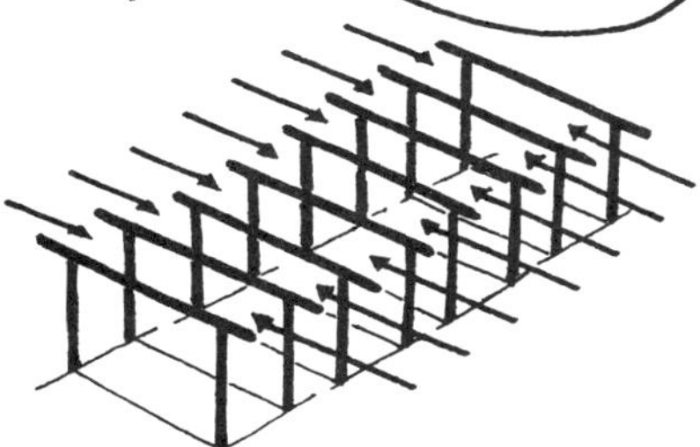

vier Barren nebeneinander geben sieben Schwunggassen

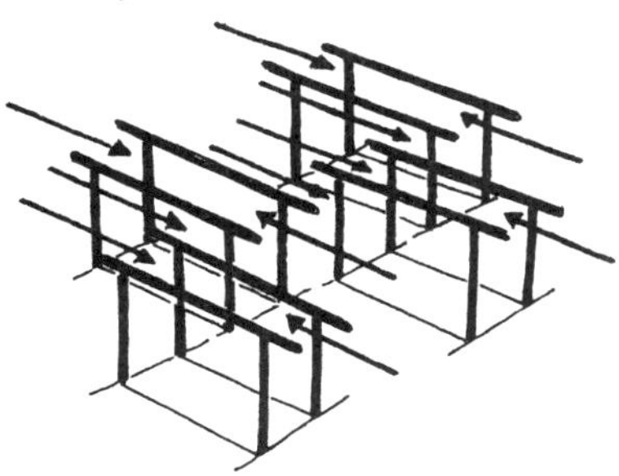

versetzte Schwunggassen

3.6.5 Kehren

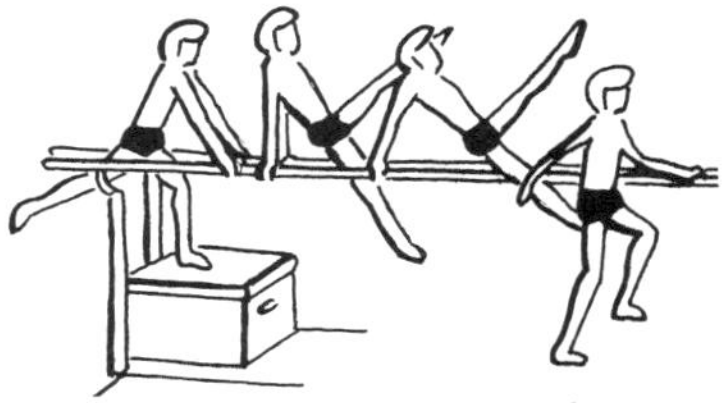

Laufkehre

Hilfestellung: Halber Klammergriff am Oberarm und Schubhilfe am Gesäß

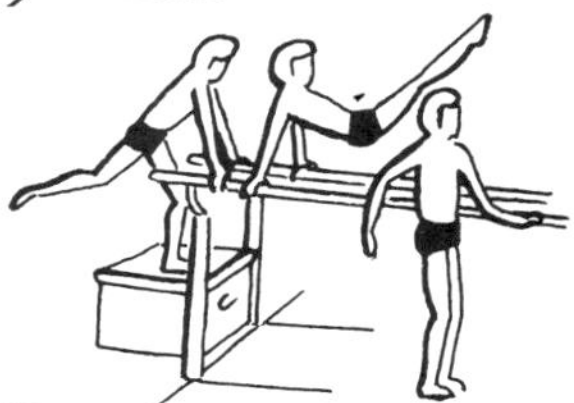

Überkehren in den Stand

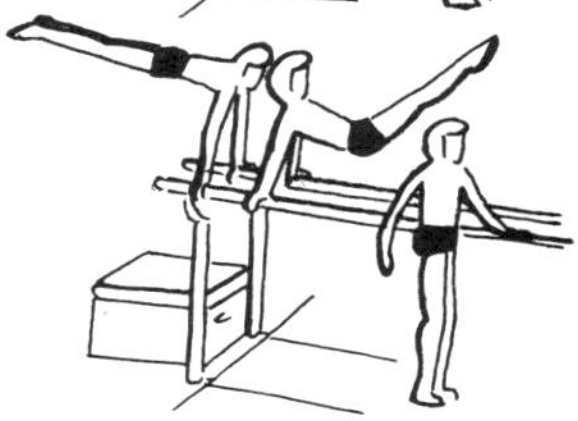

Kehre aus dem Schwingen

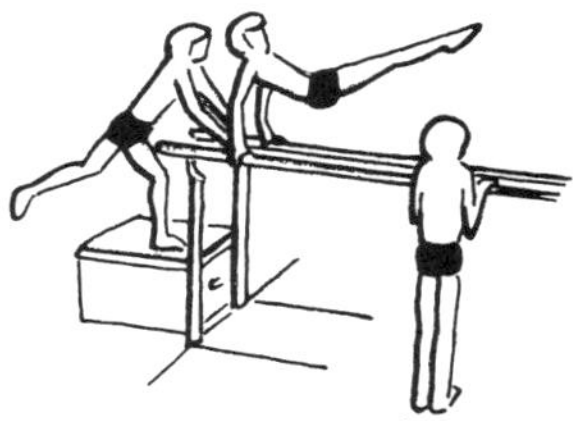

mit viertel Drehung zum Gerät

Organisation des Übens:

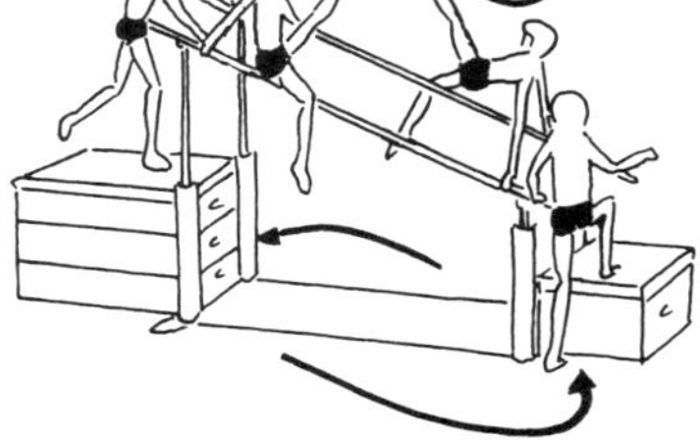

Kreisdurchgang an jedem Gerät

3.6.6 Wenden

Aufsetzen der Beine bei jedem Rückschwung

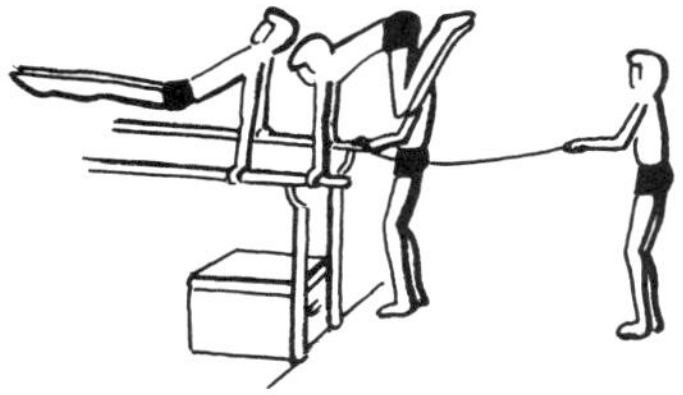

Hockwende über ein Leine in Holmverlängerung

Hilfestellung: Halber Klammergriff am Oberarm und Schubhilfe am Gesäß

Hockwende aus dem Rückschwung in die Holmengasse

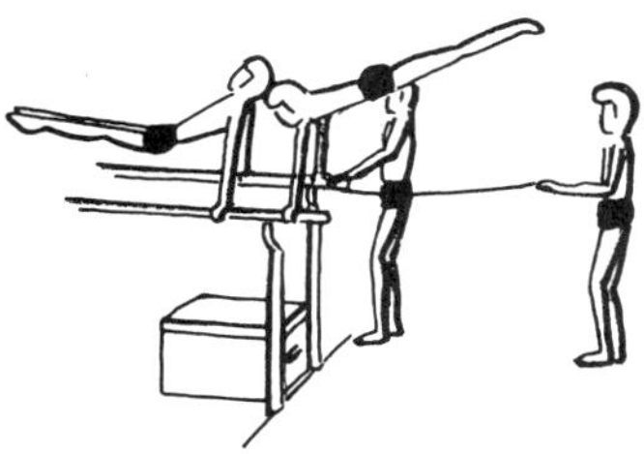

Wende über ein Leine in Holmverlängerung

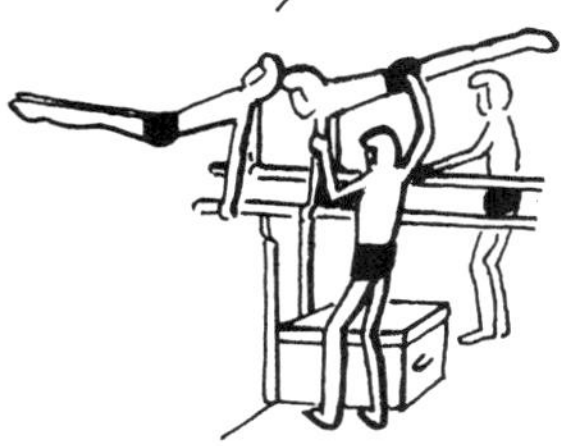

Wende aus dem Rückschwung in die Holmengasse

- mit Hilfe

- ohne Hilfe

Hockwende mit viertel Drehung zum Gerät

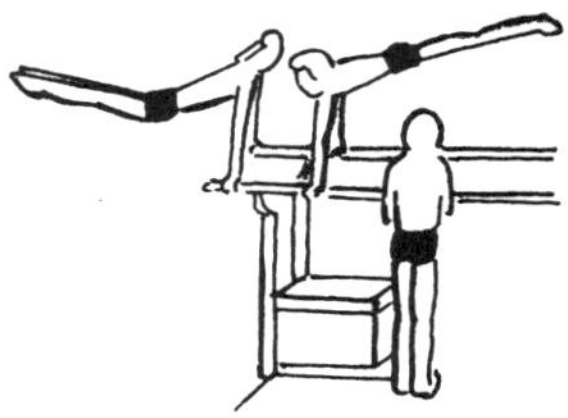

Wende mit viertel Drehung zum Gerät

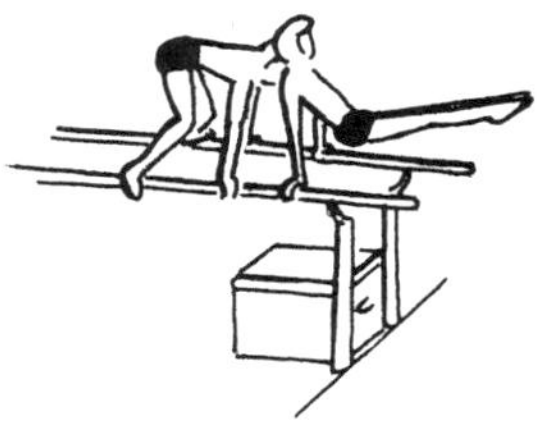

3.6.7 Kreishocke

Aufsetzen der Füße bei jedem Rückschwung

mit anschließender Kreishocke über eine Holmverlängerung

Hilfestellung: Halber Klammergriff am Oberarm und Schub- und Drehhilfe am Gesäß

Kreishocke aus dem Federn vom Minitramp

Federn in den hohen Hockstütz

KREISHOCKE

Ziehe beim Rückschwung das Gesäß hoch und die Knie an die Brust

▶ ANHOCKEN ◀

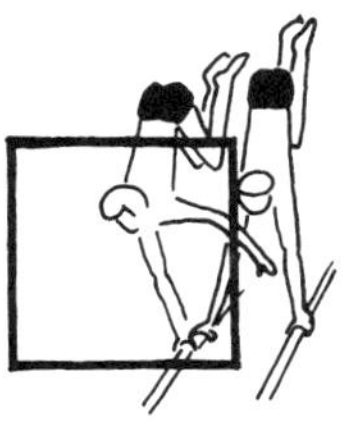

Lege das Gewicht auf den Stützarm

▶ ZUR SEITE LEGEN ◀

Drehe Dich um den Stützarm

▶ DREHEN ◀

HILFESTELLUNG:
Kreishocke

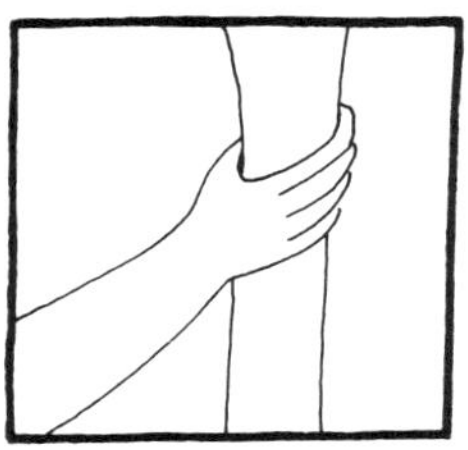

▶ HALBER KLAMMERGRIFF ◀
am Stützarm

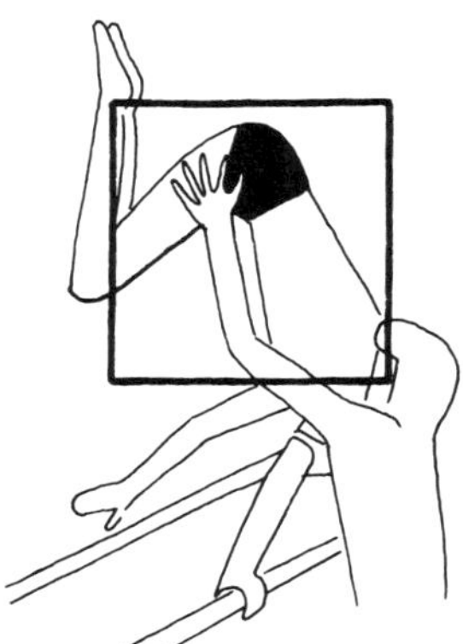

▶ SCHUBHILFE ◀ und ▶ DREHHILFE ◀
am Oberschenkel

Federn mit anschließender Hockwende

Federn mit anschließender Kreishocke über einen Holm (Leine)

über beide Holme (Verlängerung des Stützholms)

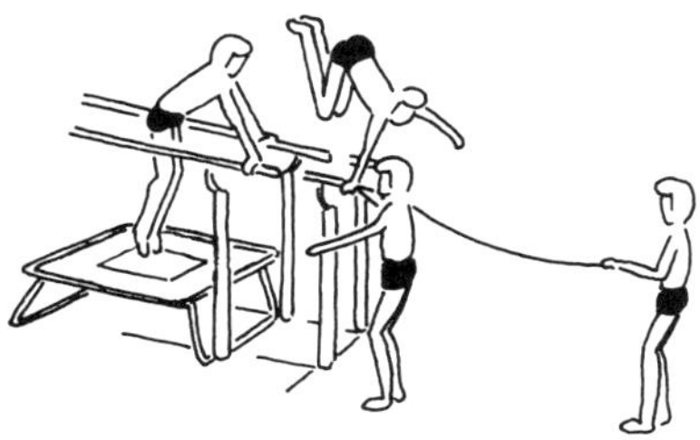

mit 180-Drehung

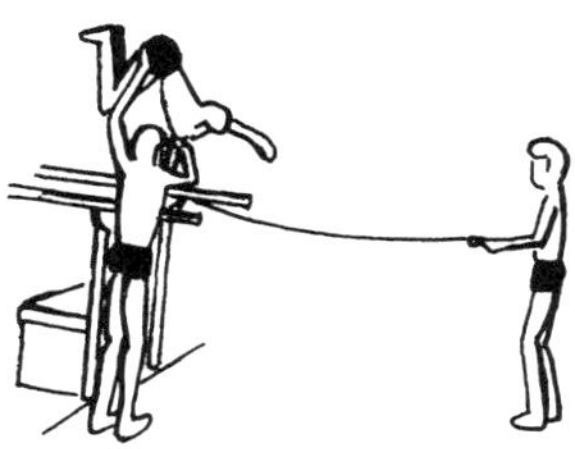

Kreishocke aus dem Schwingen

Organisation des Übens:

Stationäres Üben und Üben in Teilkreisen mit verschiedenen Aufgabenstellungen

Stationäres Üben und Üben im Treppendurchgang

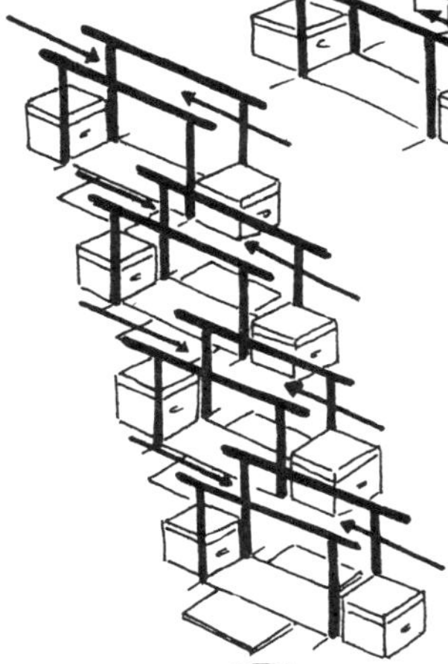

Stationäres Üben, Üben im Kreis und in zwei Gegenkreisen

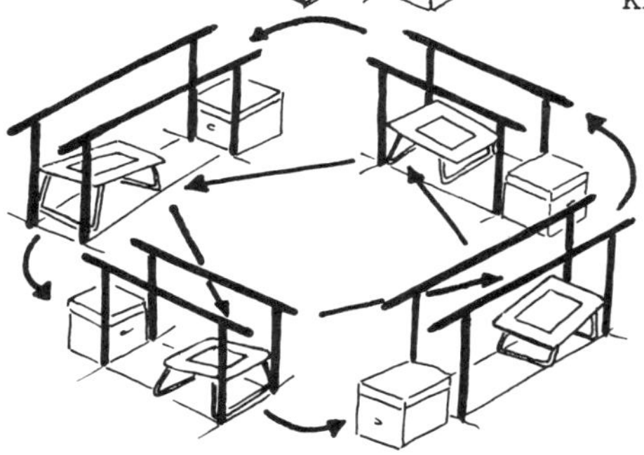

Üben am Barrenkreuz

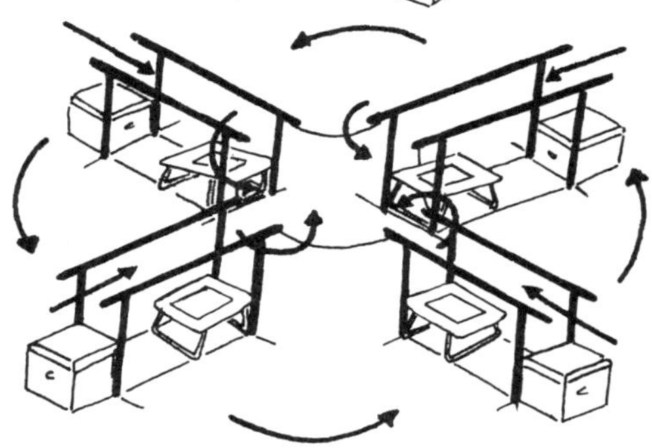

3.7 Turnen am Stufenbarren

3.7.1 Balancieren

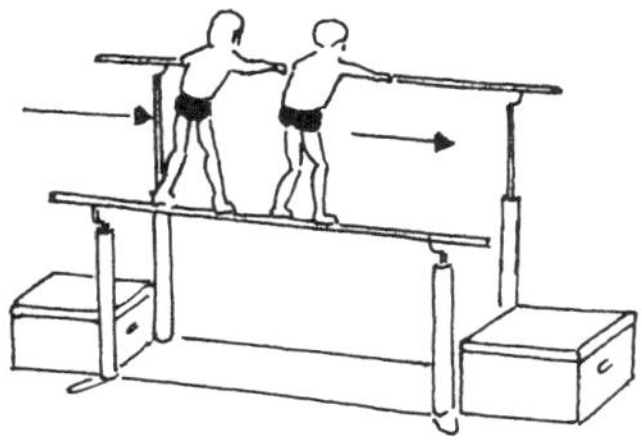

seitwärts

vorwärts

mit dem Rücken zum hohen Holm

in der Hocke

aneinander vorbei

bergauf und bergab

bergauf an der Schräge

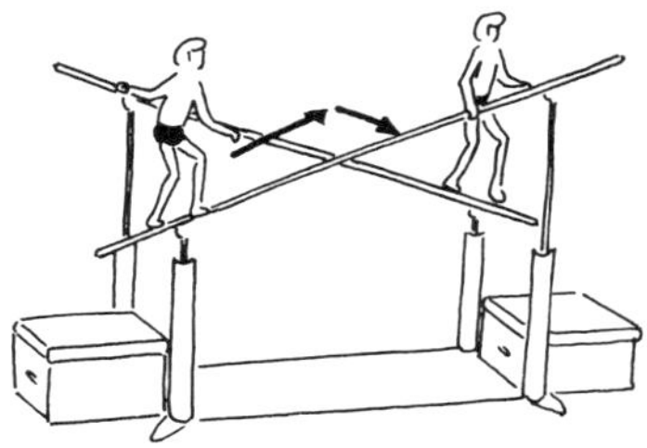

bergauf und bergab am
"Kreuz"-Barren

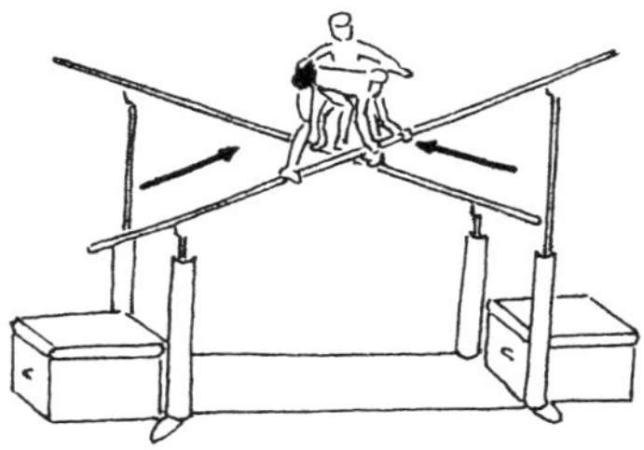

aneinander vorbei

bergauf und bergab
aneinander vorbei

3.7.2 Klettern

auf den niederen Holm

durch die Holmgasse
mit Niedersprung

aufwinden mit Strecksprung

und Übersteigen des
hohen Holmes

Barrentreppe

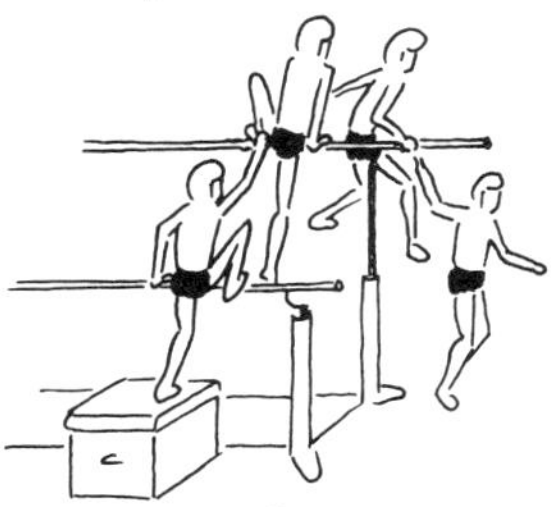

vom niederen zum
hohen Holm

vom hohen zum
niederen Holm

Aufwinden mit Zwiegriff und Übersteigen des hohen Holmes

aus dem Federn am Minitramp

Aufhocken und Felgabzug

Kreisdurchgang: Felgabzug oben, Felgabzug unten

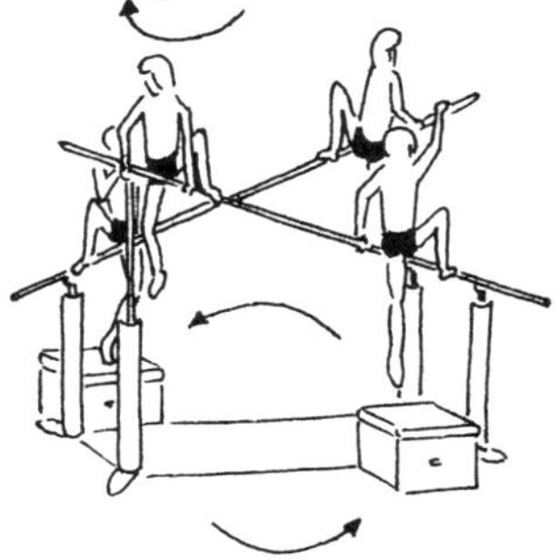

Barrentreppe am "Kreuz"-Barren

3.7.3 Unterschwung

über eine Leine
(Holmersatz)

Hilfestellung: Ein oder zwei Helfer begleiten die Bewegung mit beidhändiger Schubhilfe

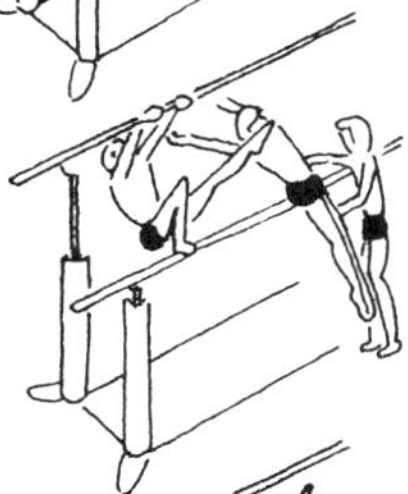

mit Aufsetzen eines Fußes

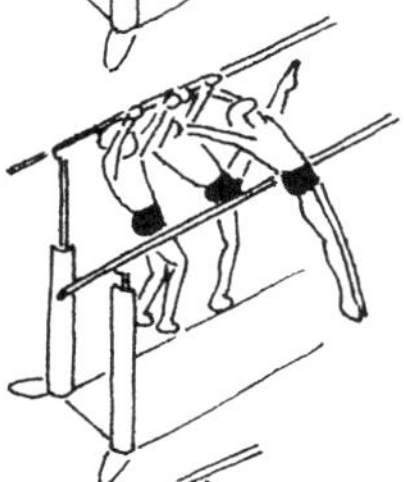

über die niederen Holm

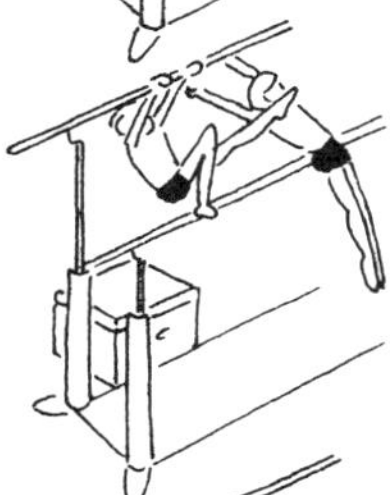

von einer Erhöhung mit
Aufsetzen eines Fußes

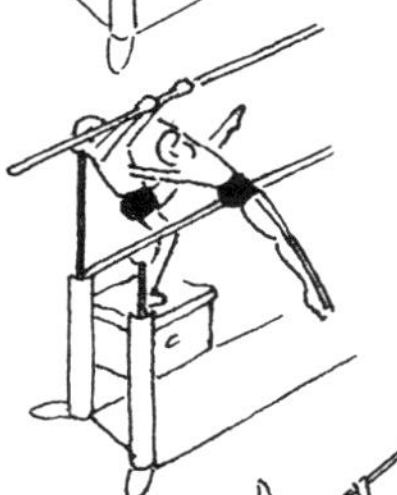

von einer Erhöhung über
den niederen Holm

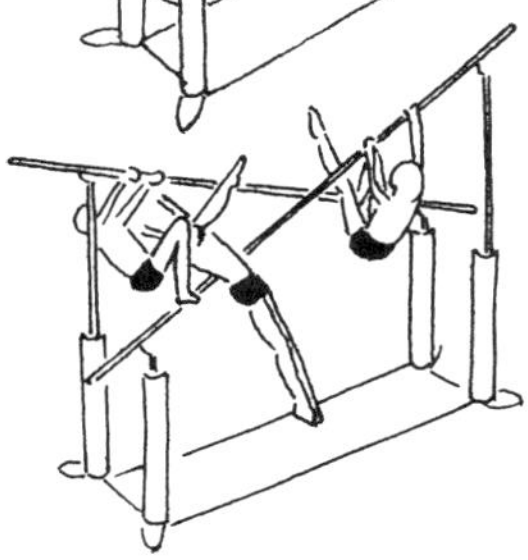

am "Kreuz"-Barren

UNTERSCHWUNG

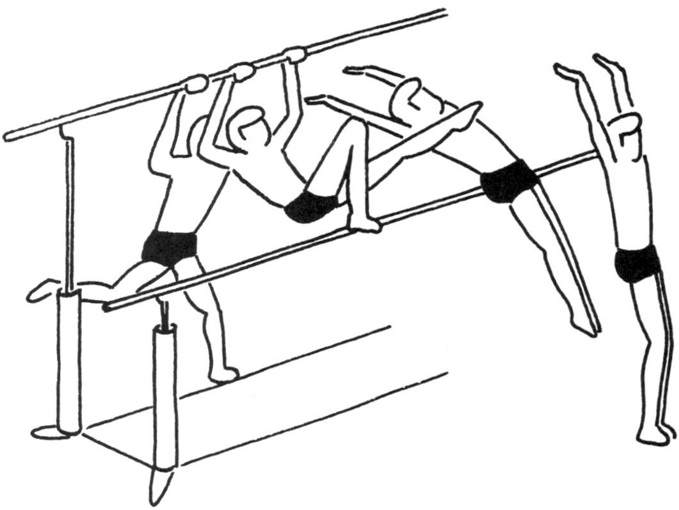

Hole mit dem Schwungbein kräftig Schwung

▶ SCHWUNGHOLEN ◀

Klimme mit den Armen und setze das Schwungbein auf niederen Holm

▶ FUSS AUFSETZEN ◀

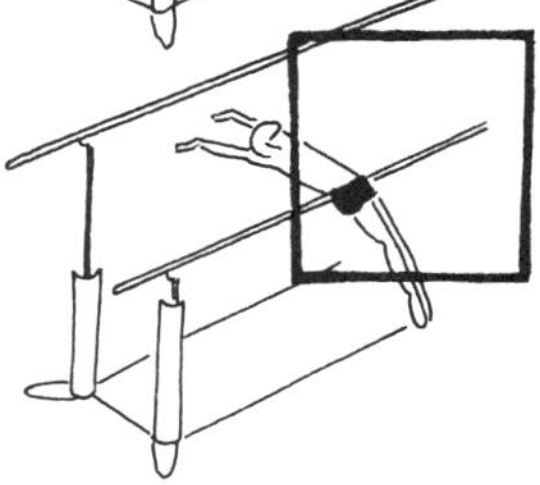

Drücke Dich vom Holm ab und strecke die Hüfte

▶ STRECKEN ◀

HILFESTELLUNG:
Unterschwung

▶ SCHUBHILFE ◀

am Rücken und am Oberschenkel

▶ FESTHALTEN ◀

bis zum Stand

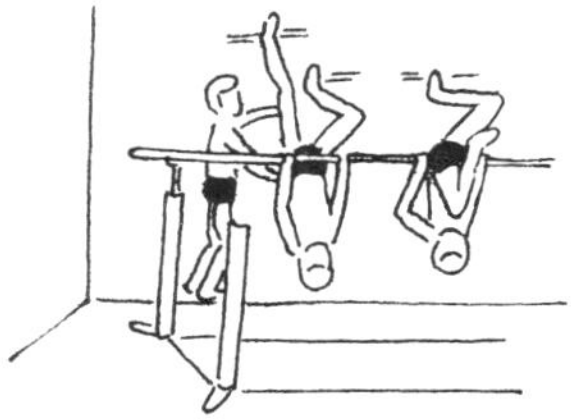

3.7.4 Aufschwung

mit Hochlaufen an der Wand

Hilfestellung: Ein oder zwei Helfer begleiten die Bewegung mit Schubhilfe

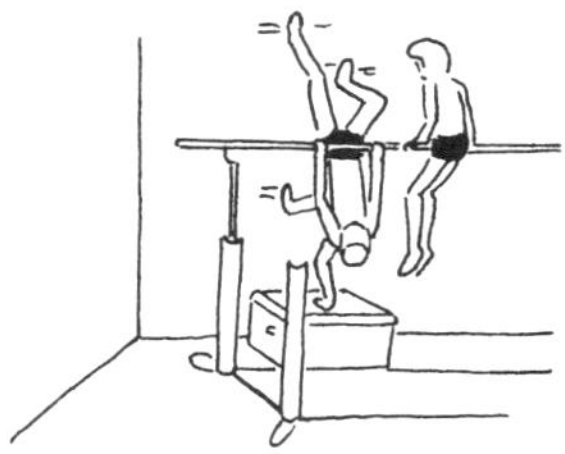

mit Kastenhilfe

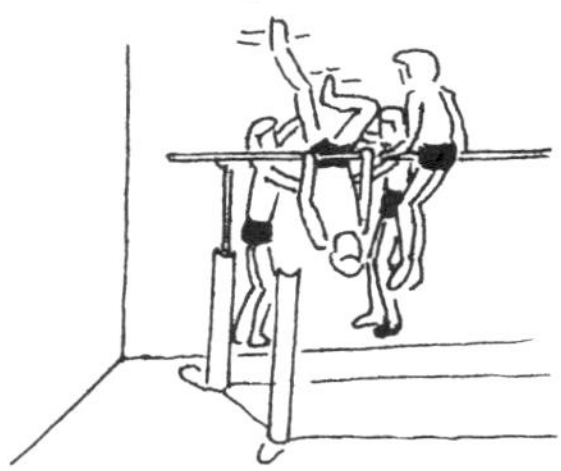

ohne Kastenhilfe

am hohen Gerät

Organisation des Übens:

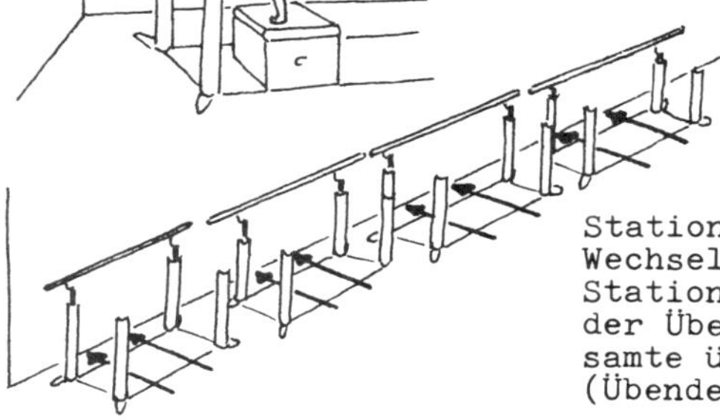

Stationäres Üben und Wechsel von Station zu Station. Es wandert nur der Übende oder die gesamte übende Einheit (Übender und Helfer)

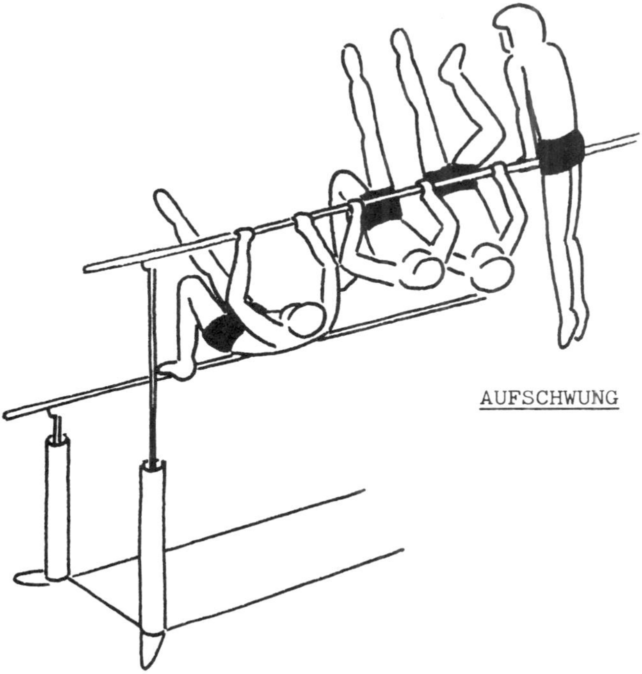

AUFSCHWUNG

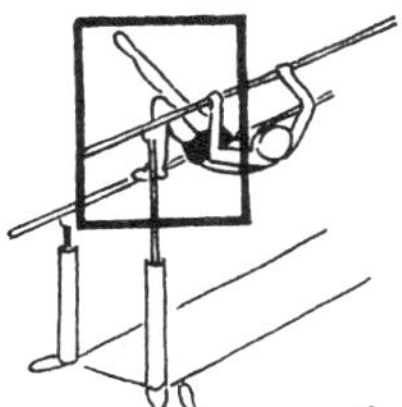

Setze ein Bein auf den Holm und hole mit dem anderen Bein Schwung

▶ SCHWUNGHOLEN ◀

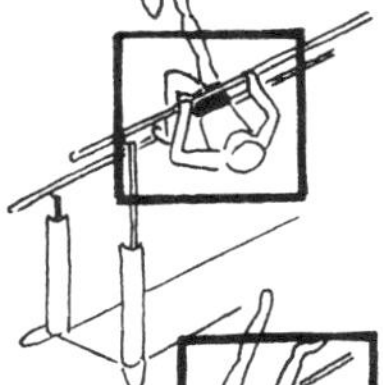

Drücke die Hüfte gegen den hohen Holm

▶ HOCHDRÜCKEN ◀

und

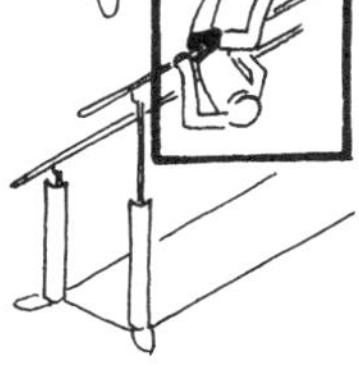

bringe das Schwungbein (gebeugt) über den hohen Holm

▶ KNIE VORWEG ◀

HILFESTELLUNG:
Aufschwung

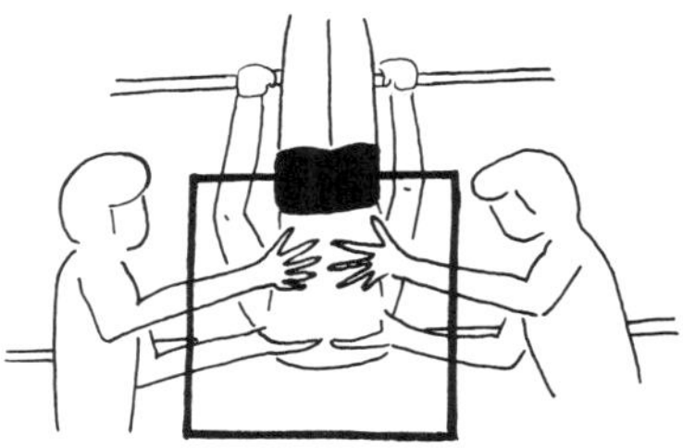

▶ SCHUBHILFE ◀
am Rücken

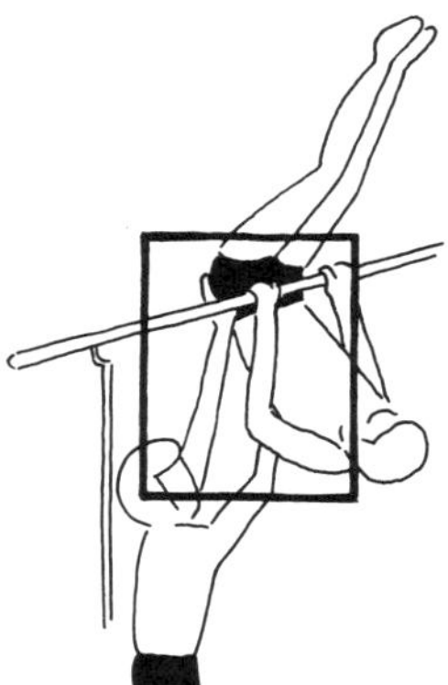

Den Übenden bis zum hohen Holm begleiten

▶ BEGLEITEN ◀

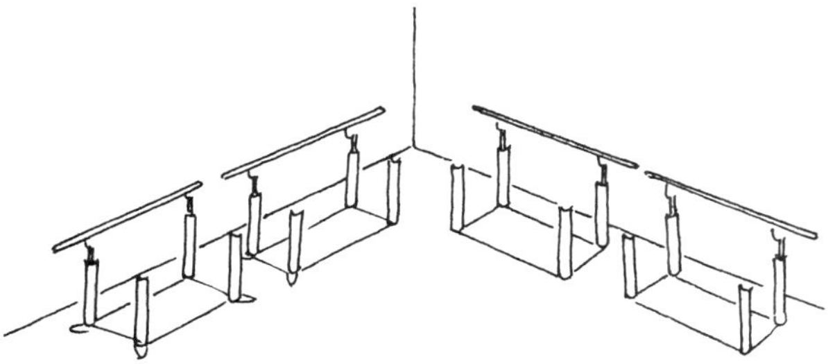

Aufstellung
"über Eck"

Aufschwung am hohen Holm

mit Kastenhilfe

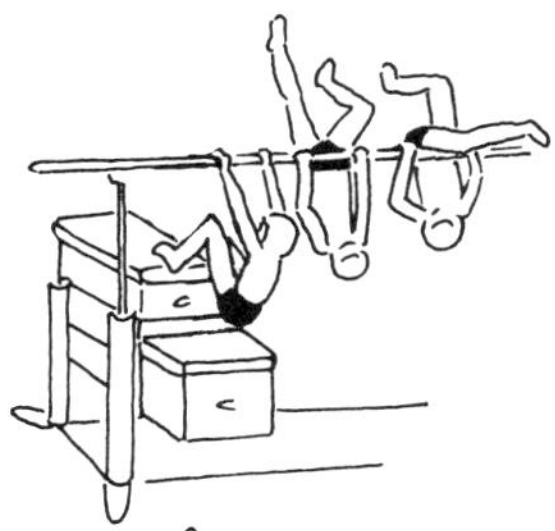

mit Kastentreppe

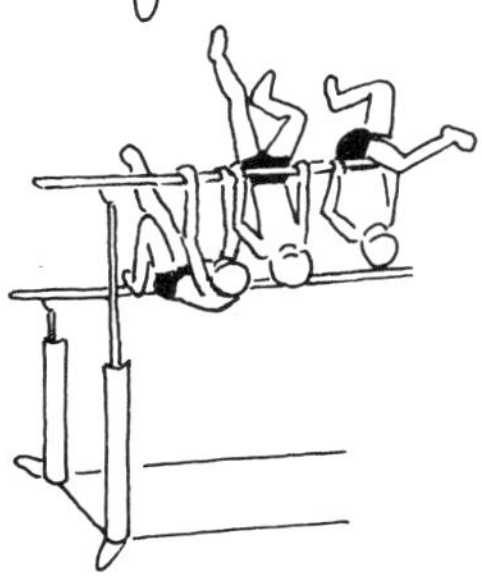

mit Abdruck vom nie-
deren Holm

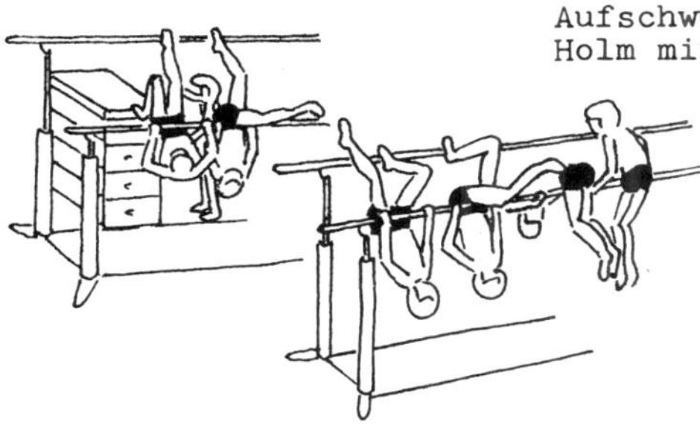

Aufschwung am niederen
Holm mit Abdruck vom
hohen Holm

mit und
ohne Kasten-
hilfe

3.7.5 Hockwende

mit Absprung von einer Erhöhung

Hilfestellung: Ein Helfer mit Klammergriff am Oberarm

an erhöhter Anlage

mit Absprung vom niederen Holm (Hilfestellung auf Erhöhung)

an erhöhter Anlage

mit unterschiedlichem Holmabstand

in unterschiedlicher Höhe

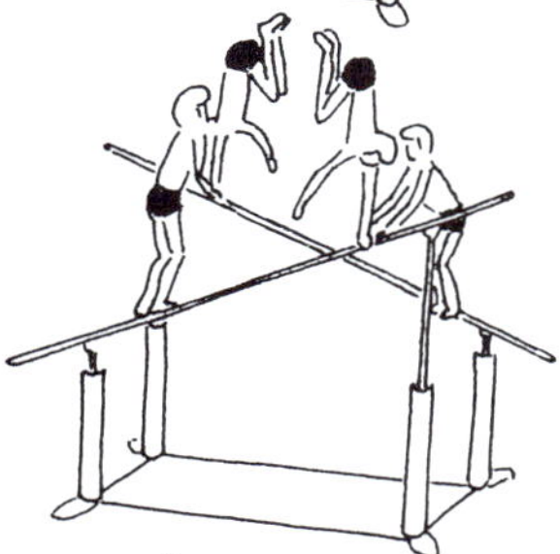

Kreisdurchgang am "Kreuz"-Barren

Organisation des Übens:

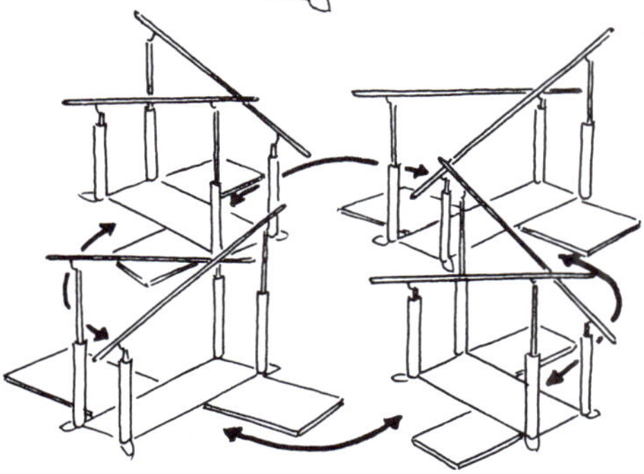

Stationäres Üben und Üben in Kreisdurchgängen gegeneinander

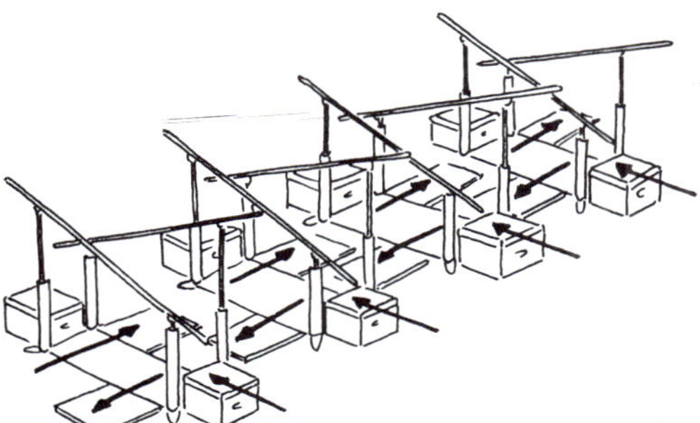

Stationäres Üben und Üben in Bahnen

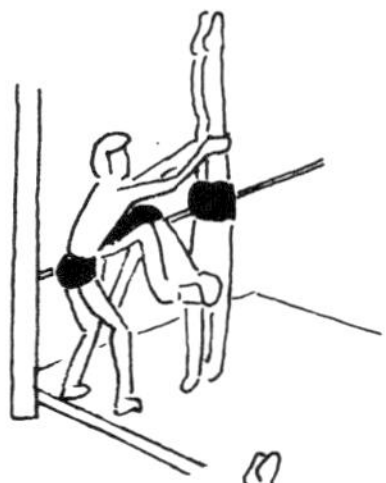

3.7.6 Hohe Wende

Reck als Stufenbarren

Wendeschwung

mit Griff auf eine Matte

Hilfestellung: Ein Helfer begleitet die Bewegung mit Klammergriff an den Oberschenkeln

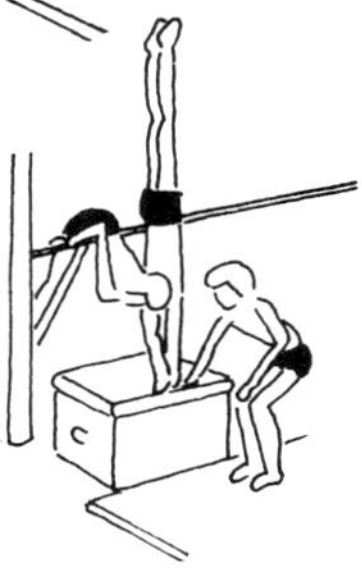

mit Griff auf einen kleinen Kasten

mit Griff auf einen erhöhten Kasten (Helfer steht auf dem Kasten)

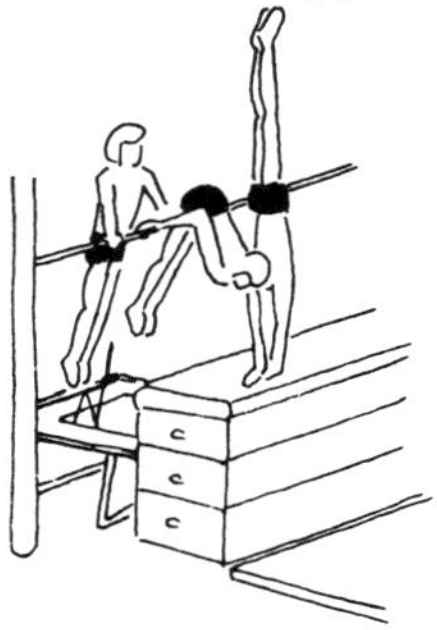

aus dem Federn am Minitramp

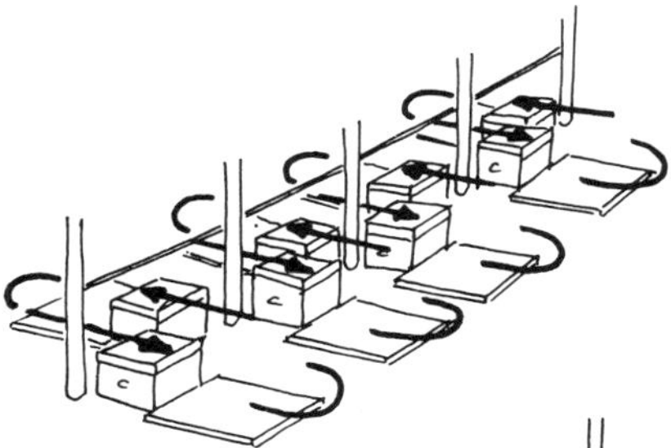

Organisation des Übens:

Stationäres Üben, Üben im Kreis an jedem Gerät und Üben im Strom

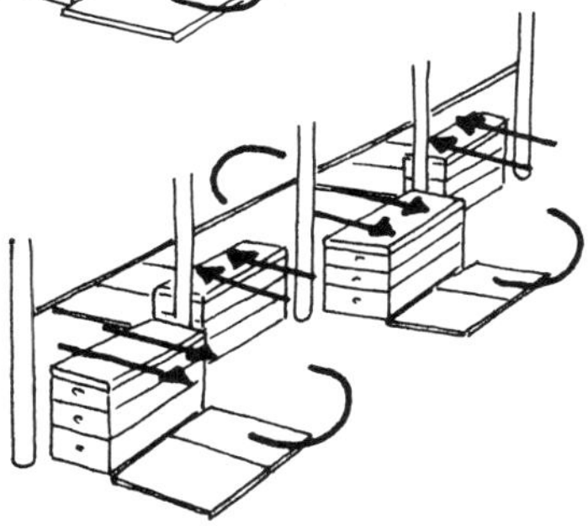

Stationäres Üben, Üben im Kreis an je zwei Geräten und im Stromdurchgang

Wendeschwung am Barren

an einem Holm

mit Griff auf einen kleinen Kasten

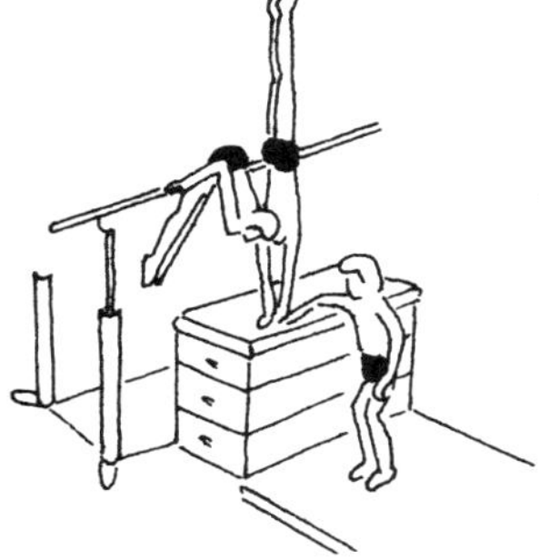

an erhöhtem Gerät mit Griff auf den mehrteiligen Kasten

Hohe Wende am Stufenbarren

mit Aufstieghilfe

Hilfestellung: Ein Helfer mit Klammergriff am Oberarm, ein anderer (in der Holmengasse) mit Schubhilfe am Oberkörper

aus dem Federn am Minitramp

Organisation des Übens:

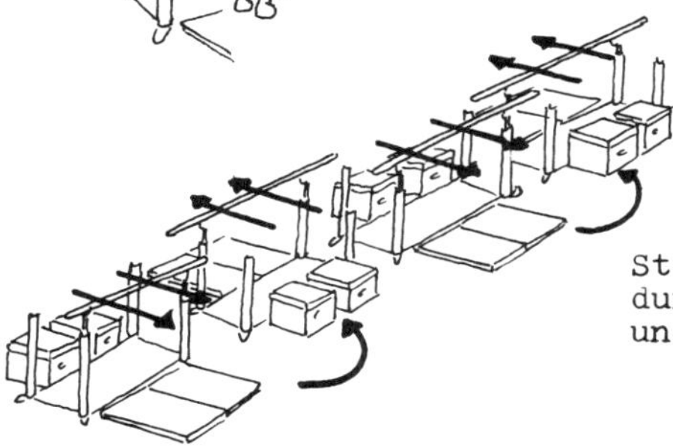

Stationäres Üben, Kreisdurchgang an zwei Geräten und Üben im Strom

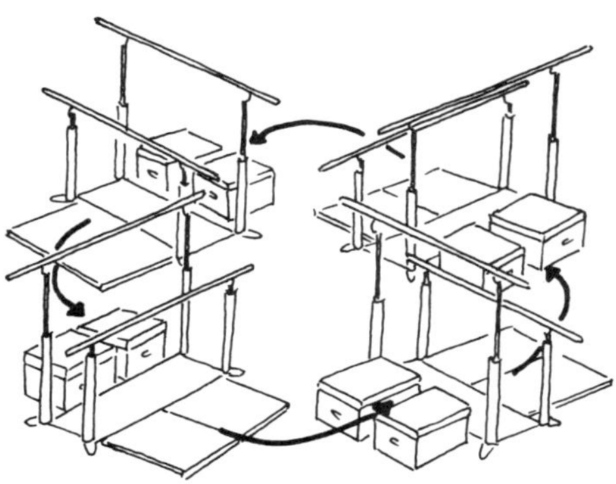

Stationäres Üben und Üben im Kreisdurchgang

HOHE WENDE

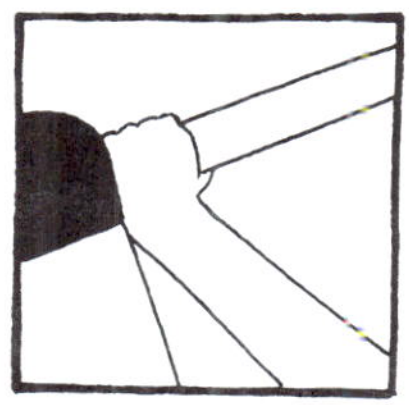

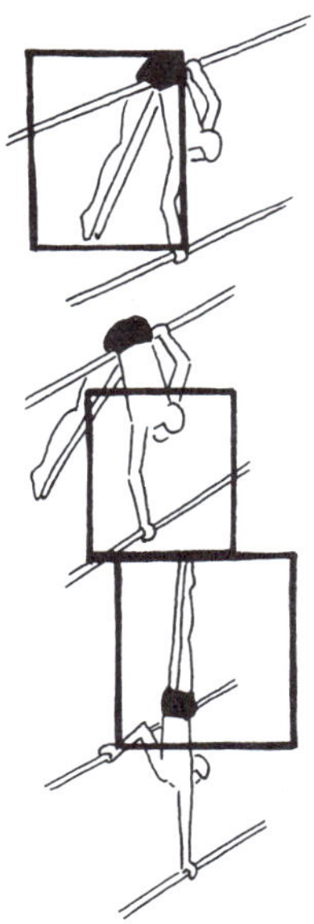

Fasse den oberen Holm mit

► KAMMGRIFF ◄

Hole mit den Beinen kräftig Schwung

► SCHWUNG HOLEN ◄

Ergreife den niederen Holm direkt vor Dir (mit Ristgriff)

► GERADE HINUNTER ◄

Schwinge möglichst bis über den Handstand

► BEINE HOCH ◄

HILFESTELLUNG:
Hohe Wende

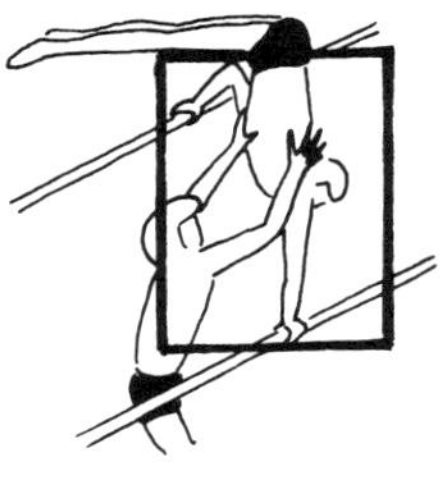

Erster Helfer (in der Holmengasse):

▶ SCHUBHILFE ◀ am Oberkörper

Zweiter Helfer:

▶ KLAMMERGRIFF ◀ am Oberarm

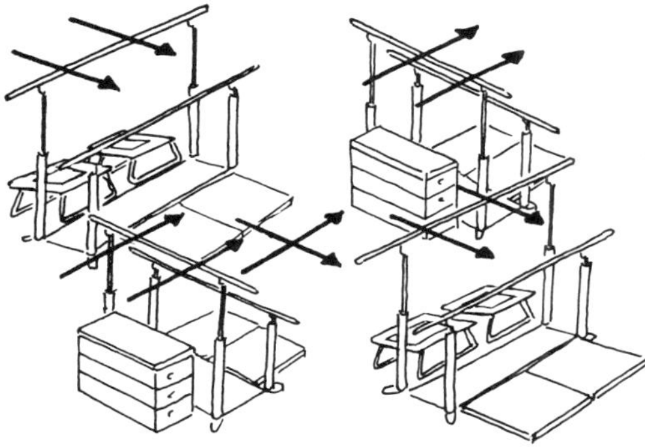

Stationäres Üben
und Üben in Bahnen
"überkreuz'

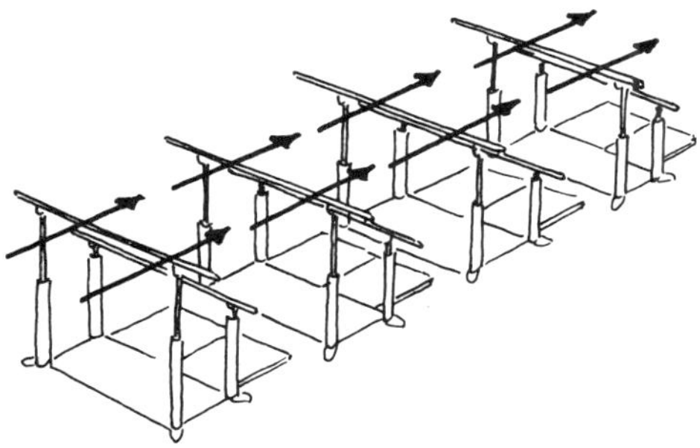

Stationäres Üben
und Üben in Bahnen

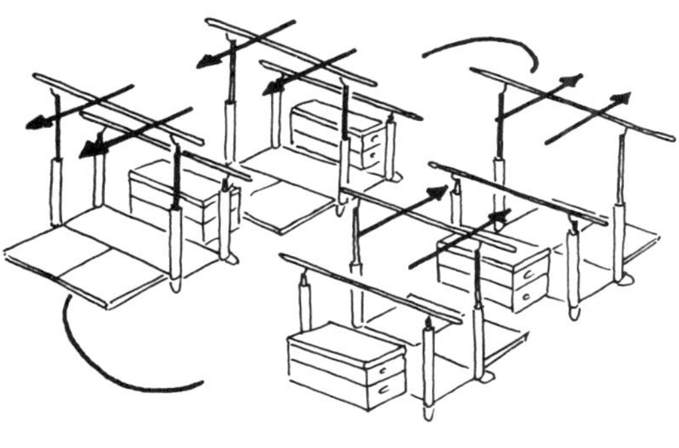

Stationäres Üben,
Üben in Bahnen und
im Kreis

3.8 Reckturnen

3.8.1 Felgabzug

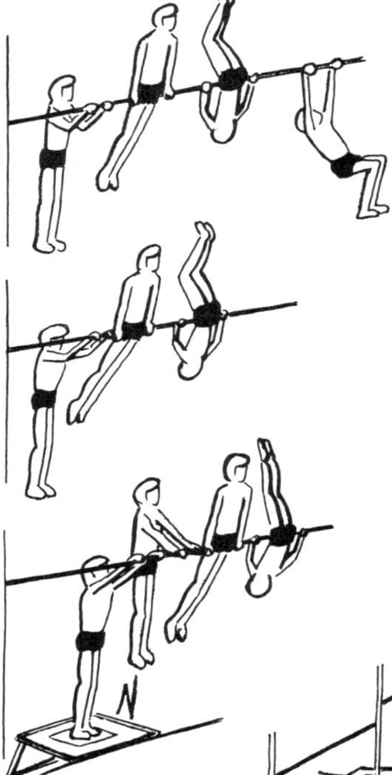

Sprung in den Stütz mit anschließendem Felgabzug

am brusthohen Reck

am kopfhohen Reck

am reichhohen Reck aus dem Federn am Minitramp

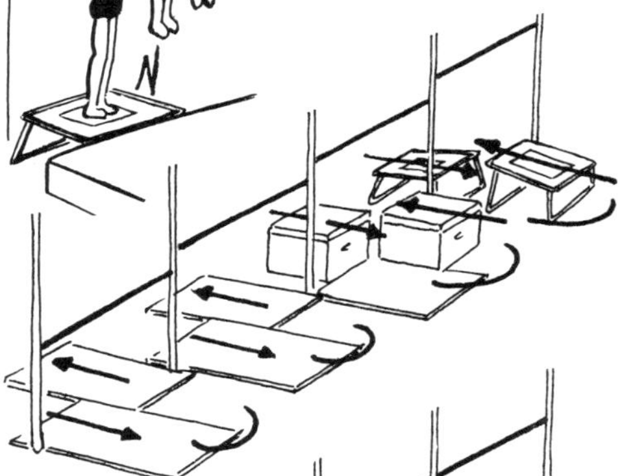

Organisation des Übens:

Üben in Teilkreisen und im Strom mit unterschiedlichen Aufgabenstellungen

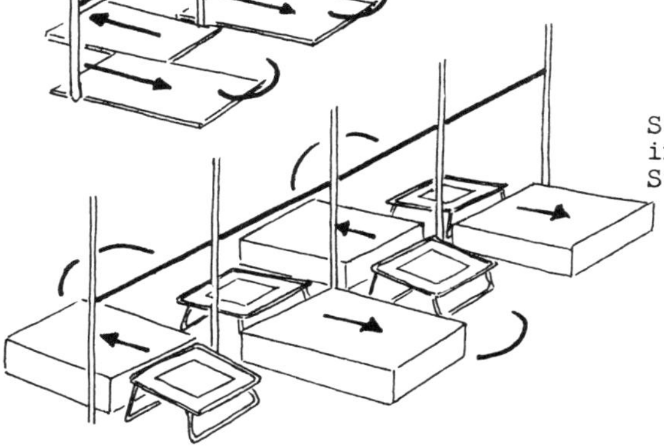

Stationäres Üben, Üben in Teilkreisen und im Strom

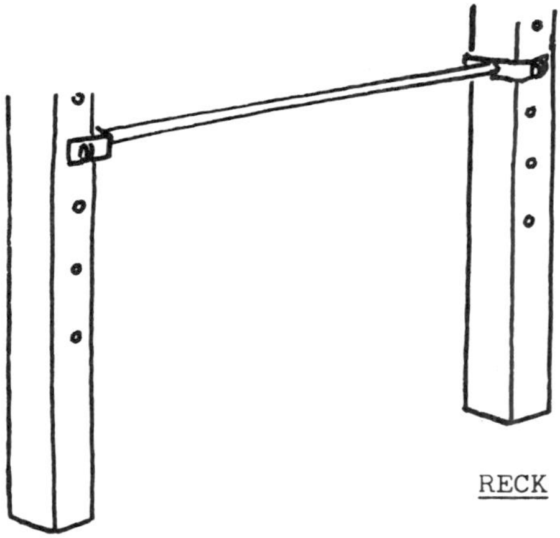

RECK

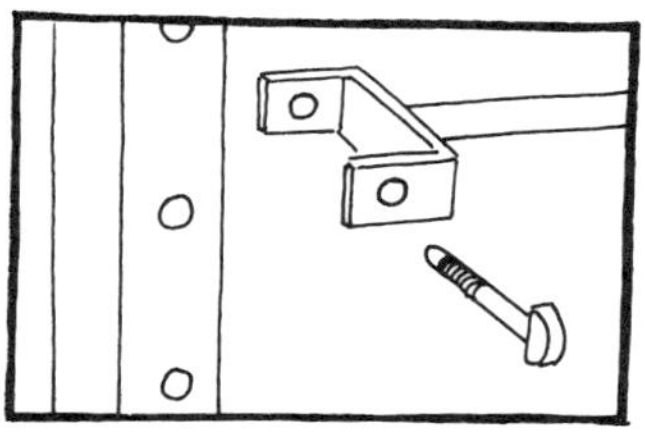

Diese Teile braucht Ihr, um die Reckstange zu befestigen

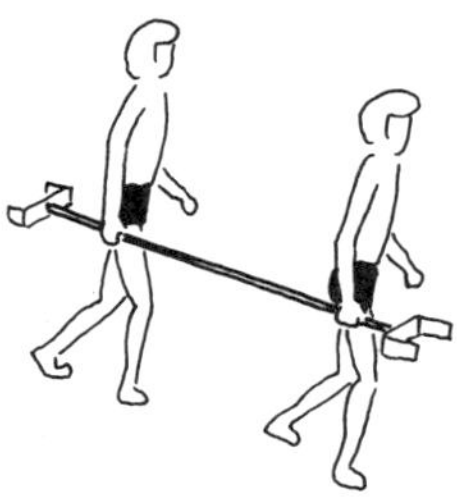

So tragt Ihr sie

► ZU ZWEIT ◄

So befestigt Ihr sie

► ZU ZWEIT ◄

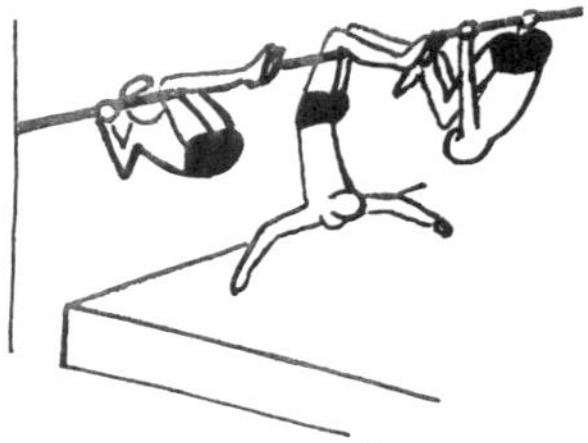

3.8.2 Kniehangschwingen

mehrmaliges Schwingen

mit Abgang durch den Handstand

Hilfestellung: Klammergriff am Oberschenkel

mit Abgang aus dem Handstandlaufen

mit Abgang aus dem Vorschwung in den flüchtigen Handstütz

mit Abgang in den Stand

Hilfestellung: Zwei Helfer mit Klammergriff an den Oberarmen

HILFESTELLUNG:

Kniehangabschwung

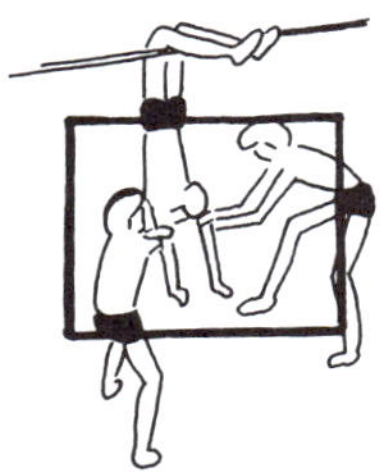

Frühes Erfassen mit
▶ KLAMMER-DREH-GRIFF ◀
am Oberarm
▶ ENTGEGEN-GEHEN ◀

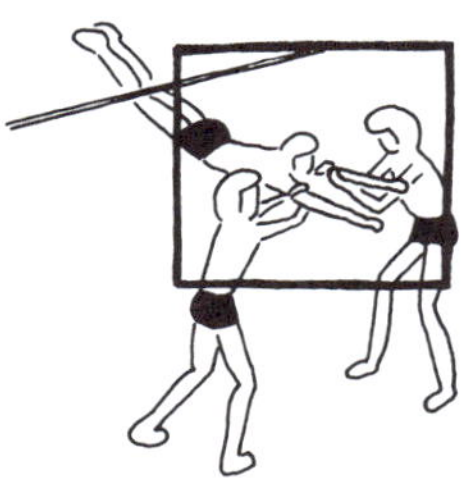

▶ ZUGHILFE ◀

3.8.3 Unterschwung

Spannbeugelaufen

am brusthohen Reck

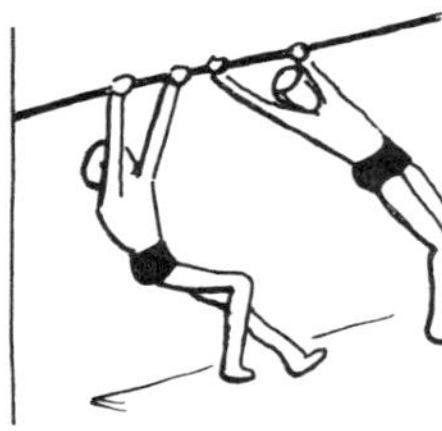

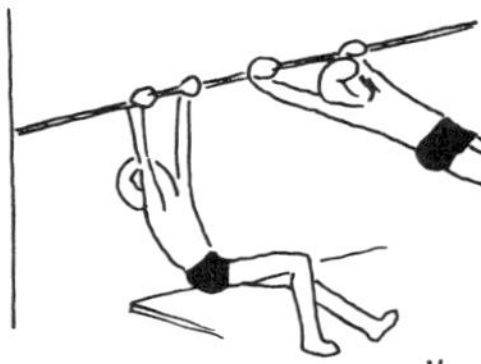

am niedrigeren Reck

Organisation des Übens:

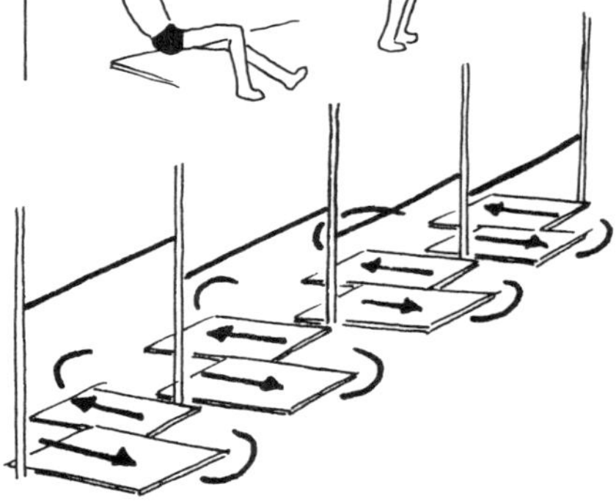

Üben in Teilkreisen und im Strom an unterschiedlichen Reckhöhen

Unterschwung

mit Hilfestellung: Eine Hand am Handgelenk, die andere am Oberschenkel

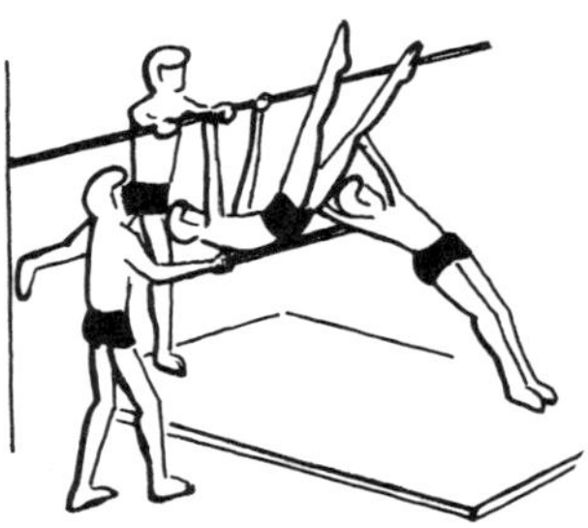

über einen Stab

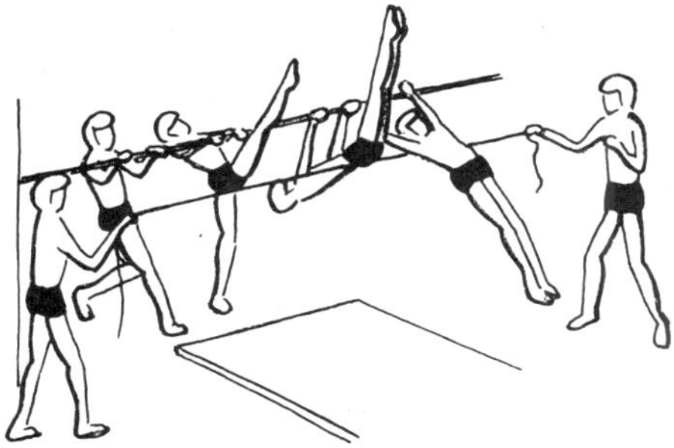

über eine Leine

auf Weite

von einer Erhöhung

mit halber Drehung

3.8.4 Aufschwung

mit Schräge als Drehhilfe

Hilfestellung:
a) Drehhilfe mit beiden Händen im Rücken des Übenden
b) eine Hand am Handgelenk, die andere im Rücken

mit Kastenhilfe

mit Abdruck von einer Kastentreppe

am reichhohen Reck mit Kastenhilfe

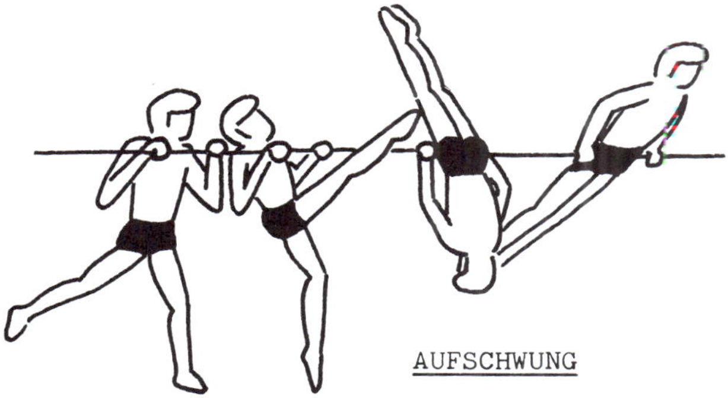

AUFSCHWUNG

Klimme mit den Armen,und hole mit dem Schwungbein Schwung

▶ KLIMMEN ◀

▶ SCHWUNGHOLEN ◀

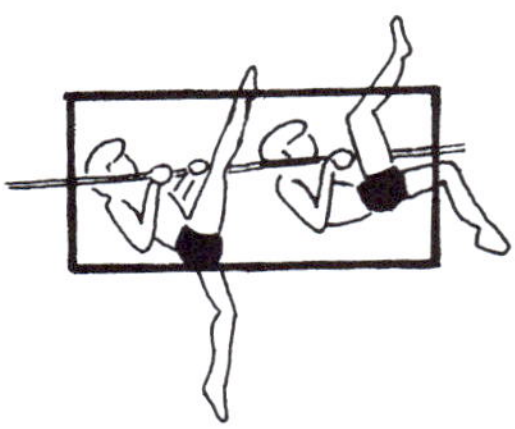

Bringe das Knie so schnell wie möglich über die Stange

▶ KNIE VORWEG ◀

und

bringe die Hüfte an die Stange

▶ HÜFTE RAN ◀

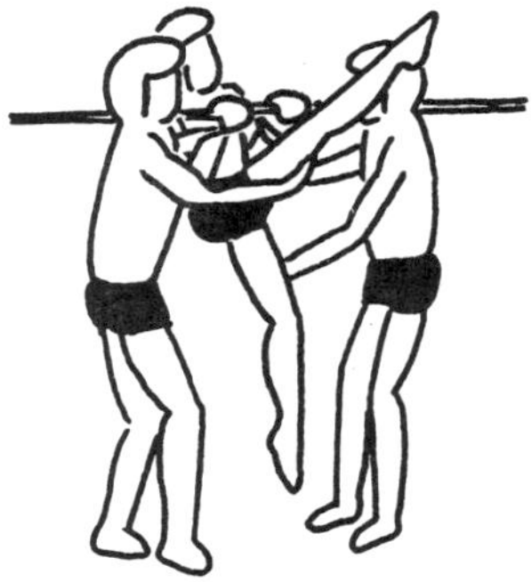

HILFESTELLUNG:
Aufschwung

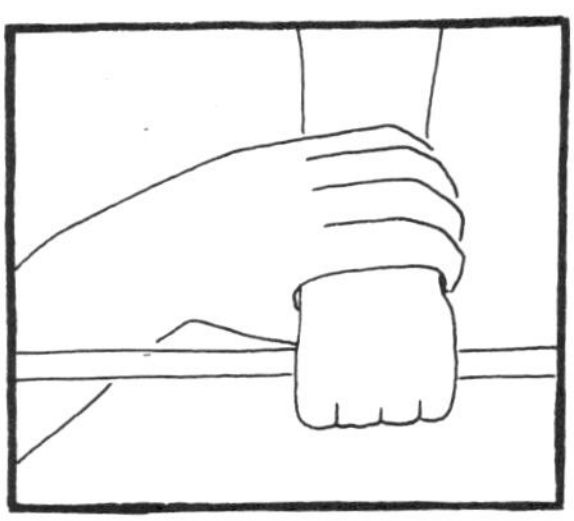

▶ HALBER KLAMMERGRIFF ◀
am Handgelenk

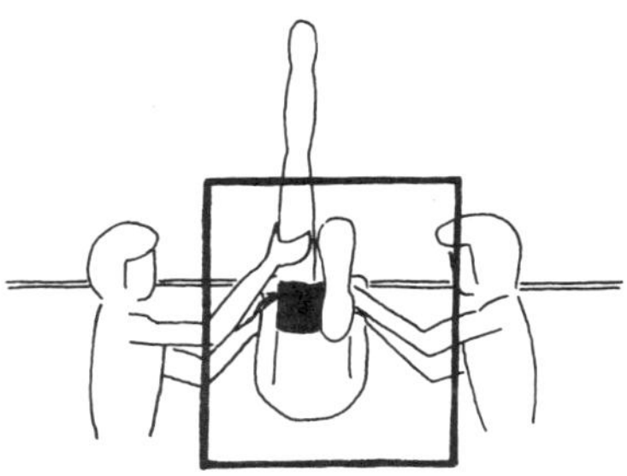

▶ SCHUBHILFE ◀
am Oberschenkel

3.8.5 Bauchwelle

Bauchwellaufschwung von einer Erhöhung

Bauchwelle mit zwei Helfern

aus dem Liegestütz von einer Schräge

Hilfestellung:
Zwei Helfer: eine Hand am Handgelenk, die andere als Drehhilfe am Oberschenkel des Übenden

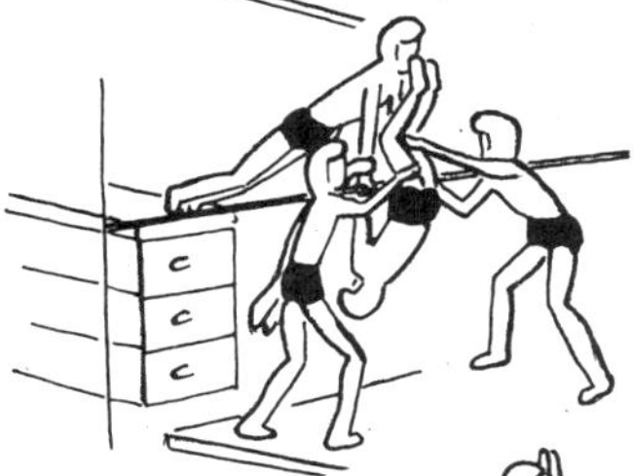

aus dem Liegestütz mit Füßen auf einem Kasten

aus dem Federn in den freien Stütz

ohne Gerätehilfe

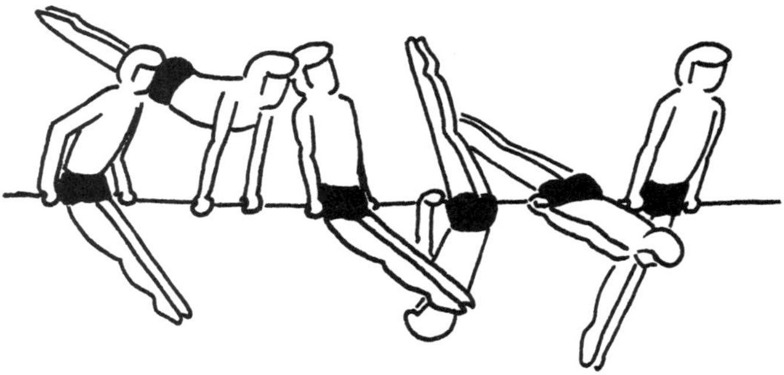

BAUCHWELLE

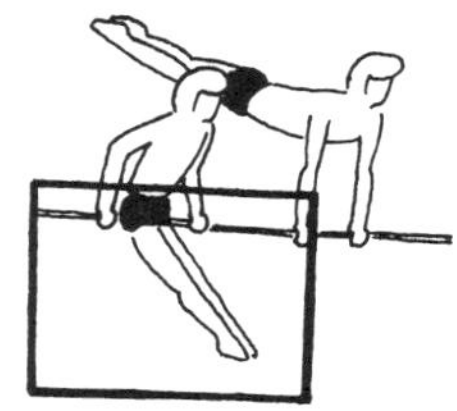

Beuge die Hüfte und hole kräftig Schwung

▶ ABSCHWINGEN ◀

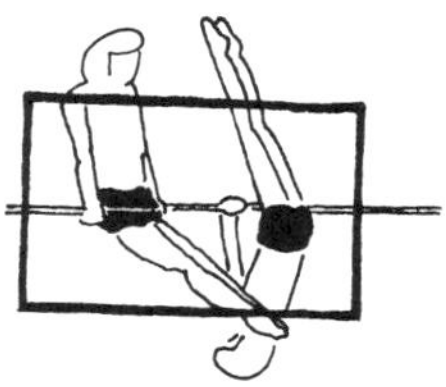

Beuge die Hüfte, wenn Du die Stange berührst

▶ HÜFTE BEUGEN ◀

Strecke die Hüfte, wenn Du herum bist

▶ HÜFTE STRECKEN ◀

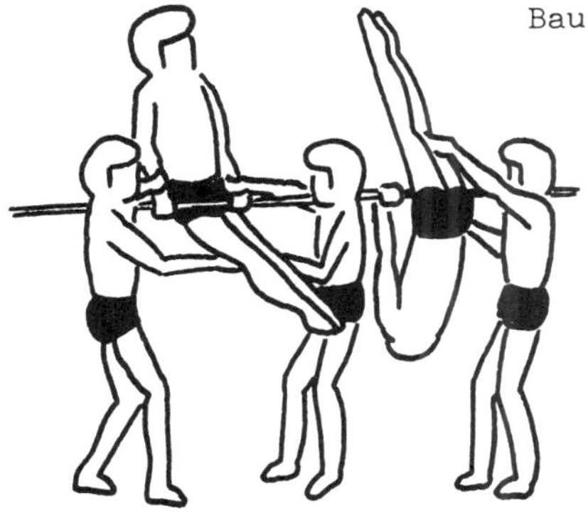

HILFESTELLUNG:
Bauchwelle

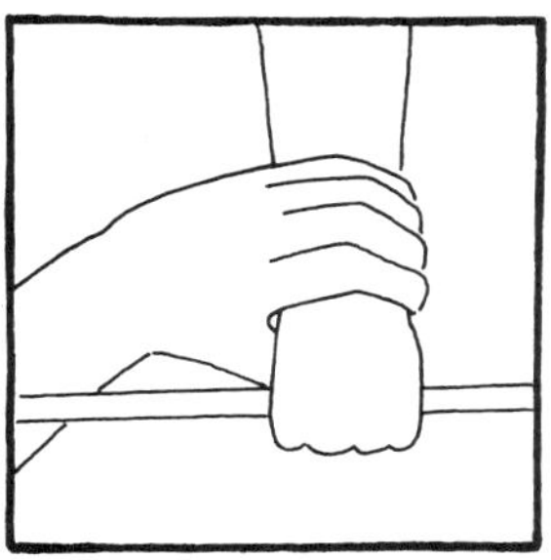

▶ HALBER KLAMMERGRIFF ◀
am Handgelenk

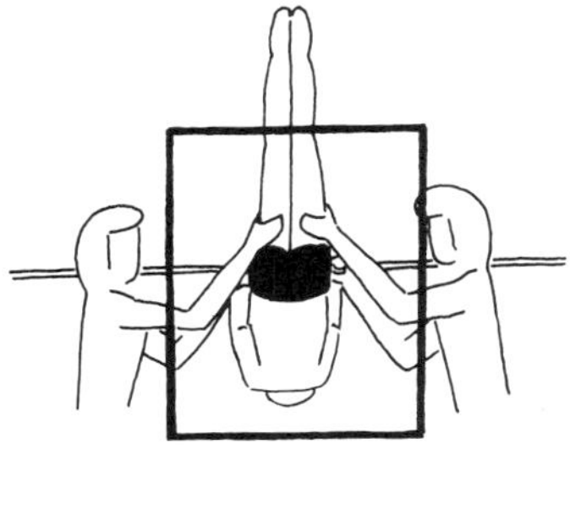

▶ SCHUBHILFE ◀
am Oberschenkel

3.8.6 Hockwende

am schräggestellten Reck (hüfthoch)

Hilfestellung: Halber Klammergriff am Oberarm und Schubhilfe am Oberkörper

am hüfthohen Reck

am schräggestellten Reck mit Absprung vom kleinen Kasten (und zurück)

Organisation des Übens:

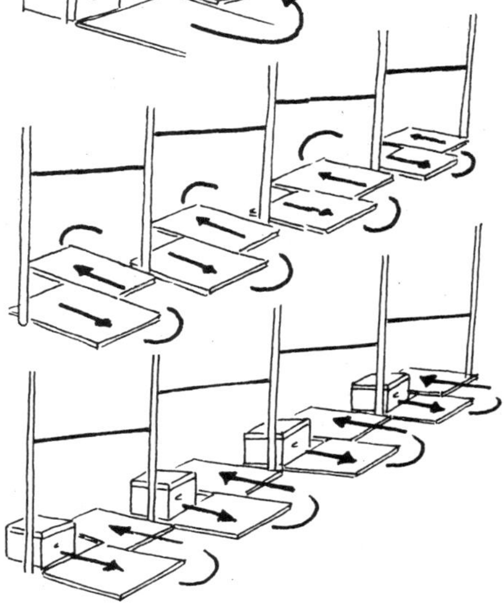

Üben im Kreisdurchgang an jedem Reck und im Stromdurchgang von Reck zu Reck

vom kleinen Kasten am brusthohen Reck

aus dem Federn am Minitramp am schräggestellten Reck (und zurück)

aus dem Federn am Minitramp

3.8.7 Hocke

<u>Hilfestellung</u>: Zwei Helfer mit Klammergriff am Oberarm

am hüfthohen Reck

mit Absprung von einem Kasten

HILFESTELLUNG:
Hocke

►KLAMMERGRIFF◄ am Oberarm

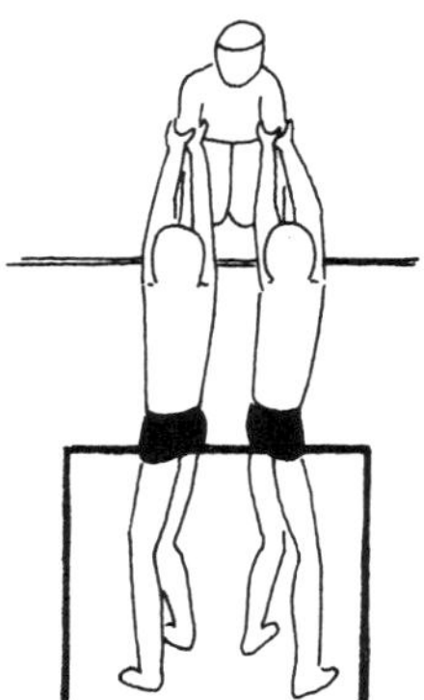

►INNENBEIN◄ und ►INNEN-
SCHULTER VOR◄

mit Absprung vom hohen Kasten

aus dem Federn am Mini-tramp

Organisation des Übens:

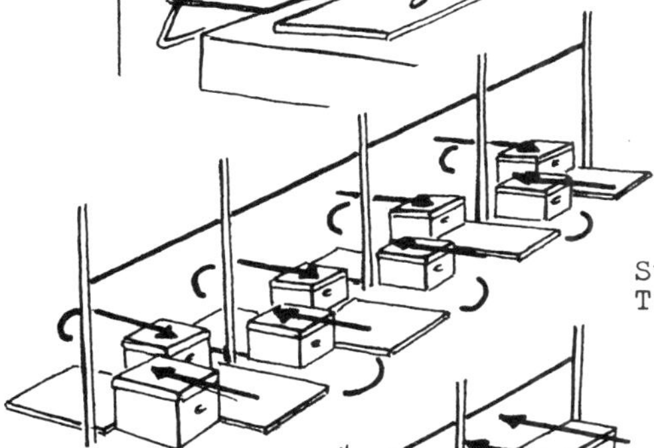

Stationäres Üben, Üben in Teilkreisen und im Strom

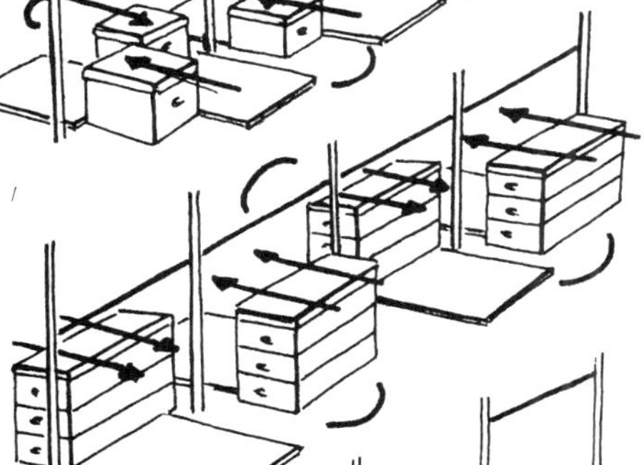

Stationäres Üben, Üben in Teilkreisen und im Strom

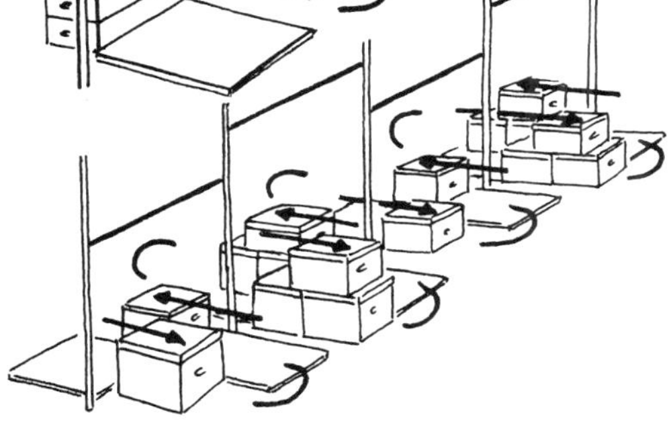

Üben in Teilkreisen und im Strom mit verschiedenen Aufgabenstellungen

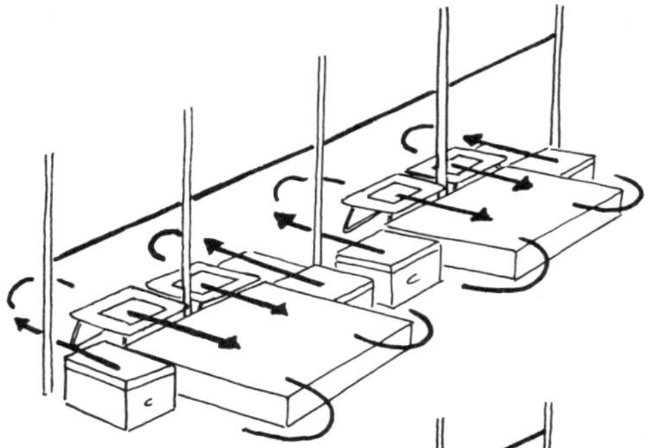

Üben in Teilkreisen und im Strom mit verschiedenen Aufgabenstellungen

Stationäres Üben mit Zusatzübungen

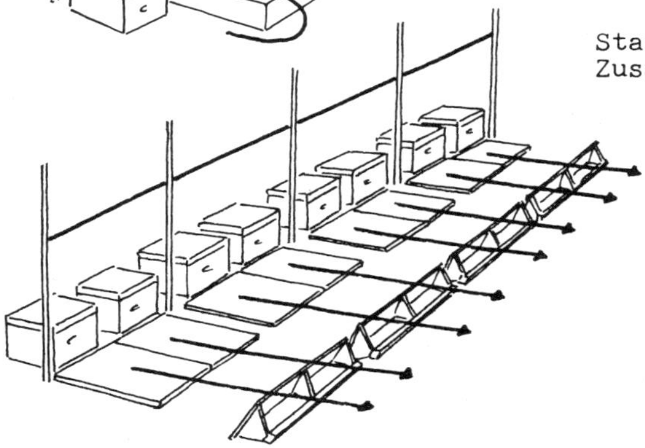

3.8.8 Hangeln und Schwingen

Hangeln am sprunghohen Reck

mit Hangkehren

am reichhohen Reck

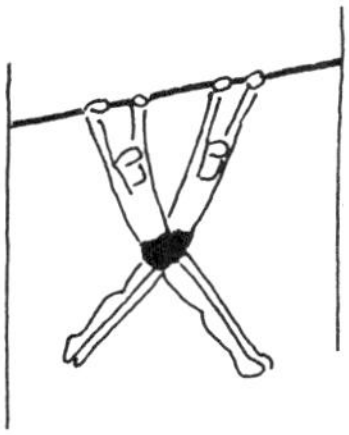

Schwingen im Langhang

mit halber Drehung

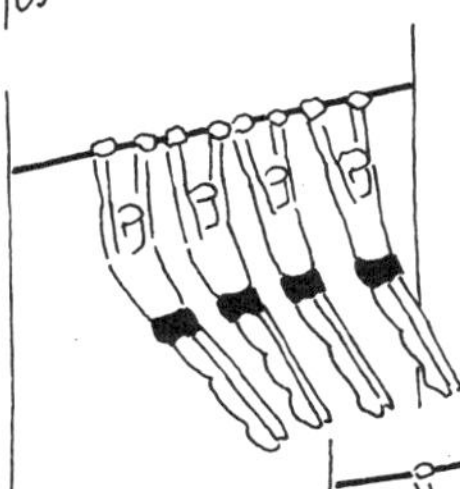

Gruppenschwingen

synchron

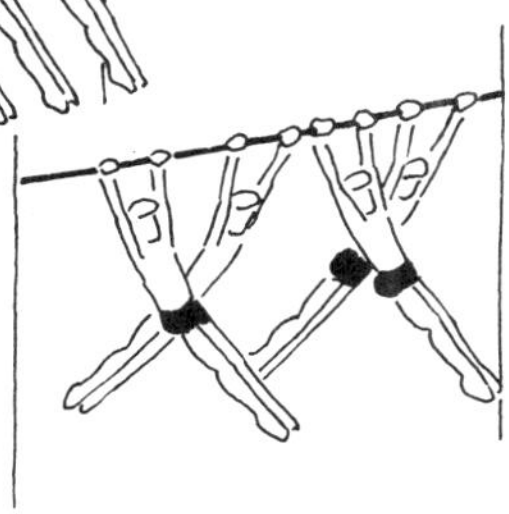

gegengleich

Sprung in den Langhang

vom Boden

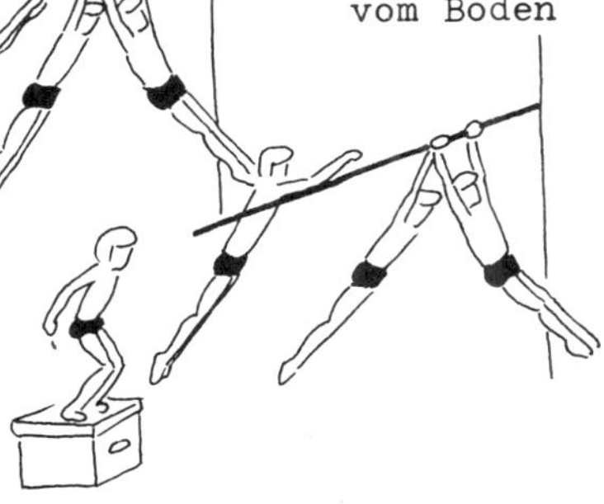

vom kleinen Kasten

Literaturverzeichnis

Aktionsprogramm zur Förderung des Gerätturnens in den Schulen. In: TuS 50(1976)6-8.

Blankertz, H.: Theorien und Modelle der Didaktik, München (6. Auflg.) 1975.

Brettschneider, W.-D.: Grundlagen und Probleme einer unterrichtsrelevanten Sportdidaktik. Ahrensburg 1975.

Dahm,G/Wolf,E/Peper,D.: "Bestimmung von Lernzielen und Lerninhalten für das Kinderturnen". In: Praxis der Leibesübungen 2-9/1976.

Dietrich, W.: Intensivierung des Turnunterrichts. Berlin 1964.

Dörrer, H.-J.: "Gerätturnen in der Primarstufe". In: TuS 50(1976)1.

Garske, U.: Zur Situation des Gerätturnens in den Schulen". In: TuS 49(1975)6/7.

Hecker, G.: Leistungsentwicklung im Sportunterricht. Weinheim/Berlin/Basel 1971.

Heimann,P./Otto,G./Schulz,W.: Unterricht. Analyse und Planung. Hannover (5. Auflg.) 1970.

Holtz, U.: "Zur Aktualität des Gerätturnens - Analyse der Ursachen der rückläufigen Tendenz". In: Sportunterricht 22(1973)9.

Jonas, B.: "Motivation im Schulsport". In: Motivation im Sport (Kongreßbericht), Schorndorf 1971.

Klafki, W. u.a.: Erziehungswissenschaft 2. Eine Einführung. Frankfurt 1971.

Koch, K.: Vom Bockspringen zu den Längssprüngen. Schorndorf (4. Auflg.) 1973.

Koch,K./Mielke,W.: Die Gestaltung des Unterrichts in der Leibeserziehung-Teil I. Schorndorf (5. Auflg.) 1977.

Kurz, D.: "Curriculumentwicklung als Werkstattarbeit". In: Sportwissenschaft 1(1971)2.

Meusel, H.: Vom Purzelbaum zum Salto. Schorndorf (5. Auflg.) 1975.

Meusel, H.: Vom Schaukeln und Schwingen zu Schwungstemmen und Umschwüngen. Schorndorf (4. Auflg.) 1977.

Räupke,R./Koch,K.: Vom Klettern und Klimmen zum Turnen an den Ringen. Schorndorf (2. Auflg.) 1976.

Söll, W.: "Lernhilfen, helfen und sichern im Sportunterricht". In: K. Koch (Hrsg.): Motorisches Lernen - Üben - Trainieren. Schorndorf 1972.

Söll, W.: "Zum Bildungswert des Gerätturnens". In: Sportunterricht 22(1973)9.

Wiemann, K.: Vom Kippen zum Überschlagen - Vom Schwingen zum Felgen. Schorndorf (3. Auflg.) 1974.

Zimmermann, H.: "Begriff und Funktion von sportartspezifischer Theorie im Rahmen des Sportunterrichts". In: Sportunterricht 29(1980)3.